全国革命老区县发展史丛书·广东卷

新丰县革命老区发展史

新丰县革命老区发展史编委会　编

SPM 南方出版传媒 广东人民出版社
·广州·

图书在版编目（CIP）数据

新丰县革命老区发展史 / 新丰县革命老区发展史编委会编. —广州：
广东人民出版社，2020.11

（全国革命老区县发展史丛书·广东卷）

ISBN 978-7-218-14070-4

Ⅰ. ①新…　Ⅱ. ①新…　Ⅲ. ①新丰县—地方史　Ⅳ. ①K296.54

中国版本图书馆CIP数据核字（2019）第265741号

XINFENG XIAN GEMING LAOQU FAZHANSHI
新丰县革命老区发展史

新丰县革命老区发展史编委会　编

出 版 人：肖风华

责任编辑：梁　晖　王智欣
装帧设计：张力平等
责任技编：吴彦斌　周星奎

出版发行：广东人民出版社
地　　址：广州市海珠区新港西路204号2号楼（邮政编码：510300）
电　　话：（020）85716809（总编室）
传　　真：（020）85716872
网　　址：http://www.gdpph.com
印　　刷：广州市浩诚印刷有限公司
排　　版：广州市友间文化传播有限公司
开　　本：715mm×995mm　1/16
印　　张：15　插　页：14　字　数：203千
版　　次：2020年11月第1版
印　　次：2020年11月第1次印刷
定　　价：68.00元

如发现印装质量问题，影响阅读，请与出版社（020-85716849）联系调换。
售书热线：（020）85716826

微信扫描二维码 ◀◀◀
您立即获得本书主要内容/
丛书介绍。

广东省编纂《革命老区县发展史》丛书
指导小组

组　长：陈开枝（广东省老区建设促进会会长）

副组长：林华景（广东省老区建设促进会常务副会长）

　　　　宋宗约（广东省农业农村厅二级巡视员、广东省老

　　　　　　　　区建设促进会副会长）

　　　　刘文炎（广东省老区建设促进会副会长）

　　　　郑木胜（广东省老区建设促进会副会长）

　　　　姚泽源（广东省老区建设促进会副会长兼秘书长）

　　　　谭世勋（广东省老区建设促进会副会长）

　　　　廖纪坤（广东省农业农村厅总经济师）

办公室

主　任：姚泽源（兼）

副主任：韦　浩（广东省农业农村厅扶贫协作与老区建设处

　　　　　　　　处长）

　　　　柯绍华（广东省老区建设促进会副秘书长）

　　　　伍依丽（广东省老区建设促进会副秘书长）

《新丰县革命老区发展史》编纂委员会

主　　任：刘祥锋

执行主任：区毅明

副 主 任：曾　军　　胡亮亮　　潘文辉　　刘国洪

　　　　　李芳足　　胡志彬　　李会清　　潘英化

委　　员：曾新行　　刘平生　　谭锦梅　　温春和　　王　斌

　　　　　温巧靖　　张文聪　　陈光辉　　胡伟民　　林继开

　　　　　莫北海　　龙怀清　　陈丽波　　张京泉　　谭志雄

　　　　　潘启划　　金殿锋　　郑中胜

主　　编：李一友

副 主 编：黄文武　　潘启盟　　李美通

在举国欢庆新中国成立 70 周年前夕，中国老区建设促进会王健会长请我为《全国革命老区县发展史》丛书作序，作为一名在老区战斗过并得到老区人民生死相助的老兵，回首往事，心潮澎湃，感慨万千，深感义不容辞，欣然应允。

中国革命老区，是以毛泽东为代表的中国共产党人在领导人民推翻帝国主义、封建主义和官僚资本主义三座大山，争取民族独立和人民解放伟大斗争中建立的革命根据地，在这片红色的土地上，诞生了无数可歌可泣的革命英雄儿女，为后人树起了一座不朽的丰碑，她是新中国的摇篮，是党和军队的根。

在艰苦卓绝的战争年代，老区人民把自己的命运与中华民族的命运紧紧地联系在一起，与中国共产党和人民军队的命运紧紧地联系在一起，他们生死相依，患难与共。我曾亲历过战争年代，并得到过老区红哥红嫂的救助，切身感受到发生在身边的一幕幕撼天动地的革命故事，在那极其艰难的条件下，老区人民倾其所有、破家支前，不怕艰难困苦，不怕流血牺牲。"最后一碗米送去做军粮，最后一尺布送去做军装，最后一件老棉袄盖在担架上，最后一个亲骨肉送去上战场"，这是当时伟大的老区人民为建立新中国做出巨大牺牲的真实写照，它将永远镌刻在中国共产党、中国人民解放军、中华人民共和国的历史丰碑上。他们的光辉业绩永载史册，他们的革命精神必将影响一代又一代的革命新人，造就一代又一代的民族脊梁。

在社会主义革命和建设时期，革命老区和老区人民响应党的号召，面对落后的面貌、脆弱的经济、恶劣的生态环境，他们本色不变，精神不丢，自力更生，艰苦奋斗，干一行爱一行。始终坚持"革命理想高于天"，自觉做共产主义远大理想的坚定信仰者和忠实实践者，勇于向恶劣的自然环境和贫穷落后宣战，他们在各条战线上为国建功立业，用平凡的双手创造了一个又一个不平凡的奇迹，彰显了老区人的崇高精神和人格力量。

在改革开放的伟大进程中，老区人民解放思想，勇于创新，发奋图强，攻坚克难，老区的经济社会建设取得了辉煌成就。特别是在改变中国的面貌、中华民族的面貌、中国人民的面貌、中国共产党的面貌的伟大实践中发挥了至关重要的作用。老区人民既是改革开放的参与者，也是改革开放的推动者。

艰苦练意志，危难见精神。老区人民在近百年的革命战争、社会主义建设和改革开放的伟大实践中，孕育形成了伟大的老区精神：爱党信党、坚定不移的理想信念；舍生忘死、无私奉献的博大胸怀；不屈不挠、敢于胜利的英雄气概；自强不息、艰苦奋斗的顽强斗志；求真务实、开拓创新的科学态度；鱼水情深、生死相依的光荣传统。这是党和人民宝贵的精神财富、丰厚的政治资源，是凝心聚力、振奋民族精神的重要法宝，也是社会主义核心价值观的重要内容。

中国老区建设促进会怀着强烈的政治责任感和历史使命感，组织全国各地老促会人员克服困难，尽心竭力编纂《全国革命老区县发展史》丛书，记录老区的光辉历史和辉煌成就，传承红色基因，弘扬老区精神，是功在当代、利及千秋的一件大事。手捧这部丛书的部分书稿，读着书中的故事，倍感亲切，深感这部丛书具有资政、育人、存史的社会功能，有着重要的时代和历史价值。它是不忘初心、牢记使命的源头活水，是赞颂共产党、讴歌老区人民的一部精品力作，是弘扬老区精神、传承红色记忆的丰厚载体，是一项继承优秀传统文化、弘扬革命文化、发展社会主义先进文化，坚定"四个自信"的宏大文化工程。它必将成为一种文化品牌，为各界人士了解老区宣传老区支持老区提供一部有价值的研究史料。希望读者朋友们能从中了解并牢记这些为党和民族的利益不断奉献的老区人民，从中得到教益，汲取人生奋斗的精神动力。

新时代赋予新使命，新起点开启新征程。让我们更加紧密地团结在以习近平同志为核心的党中央周围，坚持以习近平新时代中国特色社会主义思想为指导，增强"四个意识"，坚定"四个自信"，做到"两个维护"，弘扬老区精神，铭记苦难辉煌。为实现"两个一百年"奋斗目标，实现中华民族伟大复兴的中国梦作出新的更大的贡献！

遇湾田

2019 年 4 月 11 日

2017 年 6 月，中国老区建设促进会组织全国各地老促会启动编纂《全国革命老区县发展史》丛书，按照"建立中国共产党、成立中华人民共和国、推进改革开放和中国特色社会主义事业"三大里程碑的历史脉络，系统书写革命老区百年历史，深入挖掘革命老区红色文化资源，这对于充实丰富中国革命史籍宝库、在新时代传承红色基因、弘扬革命精神、强固根本，对于激励人们在新的历史条件下夺取中国特色社会主义伟大胜利，实现中华民族伟大复兴的中国梦具有重要意义。

丛书编纂以习近平新时代中国特色社会主义思想为指导，以《中国共产党历史》《中国共产党的九十年》等重要文献为基本依据，以党的领导为核心，以老区人民为主体，以老区发展为主线，体现历史进程特征，突出时代发展特色，坚持辩证唯物主义和历史唯物主义相统一、历史真实性与内容可读性相统一的原则，书写革命老区从站起来、富起来到强起来的光辉革命史、不懈奋斗史、辉煌成就史，把老区人民的伟大贡献、伟大创造、伟大成就、伟大精神充分展示出来，形成一部具有厚重历史特征和鲜明时代特色的精品力作。这是一部培根铸魂、守正创新，既为历史立言，又为时代服务，字里行间流淌着红色血脉、催生着革命激情的传世之作。丛书的编纂出版将成为讴歌党讴歌人民讴歌时代、传播红色文化、为革命老区和老区人民树碑立传的重要载体。

丛书按照编年体与纪事本末体相结合、以编年体为主的编写体例确定框架结构；运用时经事纬、点面结合的方式记述史实；坚持人事结合、以事带人的原则处理人与事的关系；采取夹叙夹议、叙论结合以叙为主的方法展开内容。做到了史料与史论、历史与现实、政治与学术统一，文献性、学术性、知识性相兼容。

为编纂好《全国革命老区县发展史》丛书，打造红色文化品牌，中国老区建设促进会认真组织积极协调，提出政治立场鲜明、史料真实准确、思想论述深刻、历史维度厚重、时代特色突出、编写体例规范、篇目布局合理、审读把关严格、出版制作精良的编纂出版总要求，力求达到革命史籍精品的精神高度、思想深度、知识广度、语言力度，增强丛书的权威性和社会影响力。各省（区、市）、市（州、盟）、县（市、区、旗）老促会的同志，以强烈的使命感、责任感和紧迫感，勇于担当，积极作为，认真实施，组织由老促会成员、专家学者等参加的十余万人编纂队伍。编纂工作主体责任在县，省、市组织协调、有力指导、审读把关。各方面人员以高度负责的精神和科学严谨的态度，满腔热情地投入工作，为丛书编纂出版做出了重要贡献。丛书编纂工作还得到了党和国家有关部委、地方各级党委政府及有关部门的大力支持和积极参与，社会各界也给予了热情帮助。中共中央政治局原委员、中央军委原副主席、原国务委员兼国防部长迟浩田上将，对老区人民怀有深厚感情，对革命老区建设发展十分关注，欣然为《全国革命老区县发展史》丛书作总序。

丛书由总册和 1599 部分册（每个革命老区县编纂 1 部分册）组成，共 1600 册。鉴于丛书所记述的史实内容多、时间跨度长和编纂时间紧，不妥之处，敬请批评指正。

中国老区建设促进会

● 革命历程 ●

1949 年 10 月叶剑英
率部南下进军广州驻
宿梅坑旧址

红军早期领导人李任
予故居（位于丰城街
道城东村）

新丰县中共第一个支
部成立处旧址（位于
马头镇军屯村）

（本页图片为新丰县史志办提供）

中共新丰县工委及中心支
部旧址（位于马头镇）

黄磜镇梁坝村抗战学校旧址

新丰人民抗日游击队成立处
旧址（位于马头镇福水村）

（本页图片为新丰县史志办提供）

江北人民自卫总队
成立处旧址（位于
马头镇羌坑村）

猫笼坳伏击战旧址（位于沙田
镇乌石村）

中国人民解放军粤赣湘边纵队北江第一支队成立处旧址（位于遥田镇江下村）

（本页图片为新丰县史志办提供）

解放战争时期中共新丰县委驻地旧址（位于黄礤镇高群村）

新丰县革命烈士纪念碑

新丰县文博大楼革命历史展厅

（本页图片为新丰县史志办提供）

1999 年 6 月 12 日，参加庆祝新丰县解放五十周年大会的老战士和市、县领导合影（新丰县史志办供图）

新丰县党史国史红色教育基地（金殿锋摄）

黄沙坑村红色文化广场（张文聪摄）

● 自然风光 ●

云髻山

新丰江之源

云髻山的原始植被

（本页图片为"秀美新丰网"提供）

新丰江

鲁古河湿地公园

莽莽林海

（本页图片为"秀美新丰网"提供）

林间小路

云髻枫叶

营盘樱花

（本页图片为"秀美新丰网"提供）

009

大席山水

新丰雁塔

（本页图片为"秀美新丰网"提供）

● 老区新貌 ●
● 基础设施 ●

鲁古河水库（新丰县水务局供图）

整治后的双良河（新丰县水务局供图）

整治后的回龙河
（新丰县水务局供图）

向阳水电站（金殿锋摄）

华润风力发电项目（金殿锋摄）

韶能生物质发电厂
（金殿锋摄）

回龙 110 千伏变电站
（金殿锋摄）

省道 347 线（潘启划摄）

013

境内国道 105 线（金殿锋摄）

境内大广高速公路（金殿锋摄）

• 产业发展 •

秋洞村佛手瓜（新丰县农业局
供图）

秀田村蔬菜基地
（新丰县农业局
供图）

茶峒村茶山（金殿锋摄）

天中村百香果园（金殿锋摄）

大岭村养鸡场（李奇文摄）

湖塘村养鹅场（李奇文摄）

回龙工业园建筑陶瓷
生产基地（新丰县经
济和信息化局供图）

回龙工业园越堡（鸿
丰）水泥厂（金殿锋摄）

马头工业园（新丰县
经济和信息化局供图）

广兴牧业设备厂
（新丰县经济和
信息化局供图）

云天海温泉
（新丰县文广
旅体局供图）

云髻山古镇
（新丰县文广旅
体局供图）

山水生态（金殿锋摄）

2017年枫叶节（新丰县文广旅体局供图）

• 社会事业 •

新丰县第四幼儿园
（陈志佳摄）

新丰县实验小学（新
丰县教育局供图）

新丰县第一中学（新丰县教育局供图）

新丰县青少年宫（新丰县教育局供图）

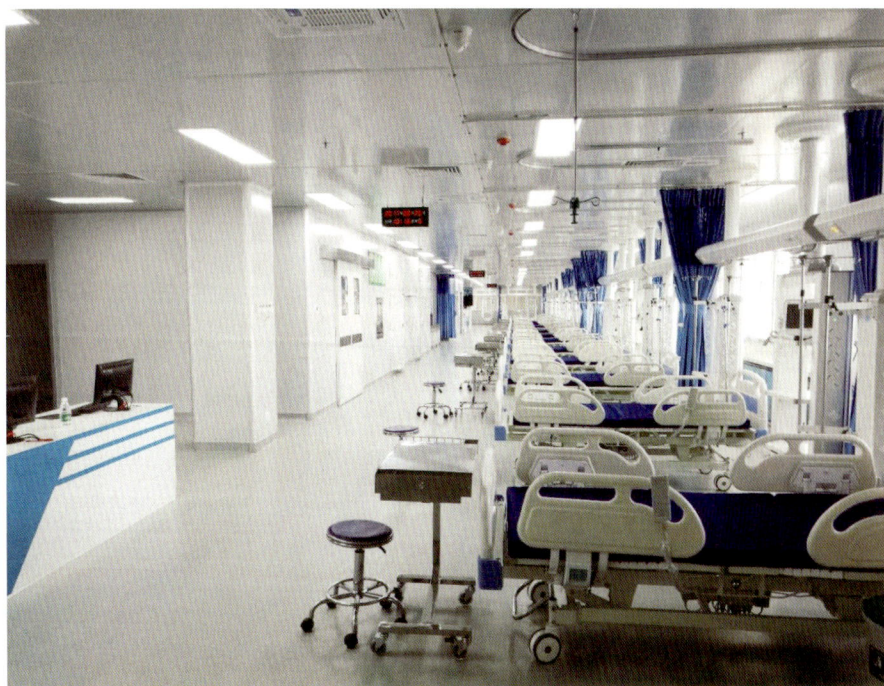

新丰县人民医院ICU室（新丰县卫生局供图）

张田村养老照护中心（新丰县卫生局供图）

民间艺术巡游（新丰县文广旅体局供图）

志愿者活动（新丰县文明办供图）

新丰县广播电视台播控室（李奇文摄）

后山公园(李桂花摄)

回龙镇来石村文化广场（新丰县文
广旅体局供图）

新丰县体育馆
（李桂花摄）

2004 年 8 月 22 日
中央电视台"乡村
大世界"在新丰举
办文艺演出（新
丰县文广旅体局供
图）

黄礤镇农民欢度
丰收节（新丰县
文广旅体局供图）

•城乡建设•

新丰县委书记刘祥锋（左二）、副书记曾军（左三）在马头镇大陂村调研新农村建设（新丰县委办公室供图）

新丰县委副书记、县长区毅明（前中）在黄礤镇调研产业发展（李奇文摄）

新丰县老区办、老促会在营盘村调研产业扶贫（金殿锋摄）

营盘村新茶园
（金殿锋摄）

秀田村古树公园
（金殿锋摄）

回龙镇楼下村
（金殿锋摄）

丰城街道高桥村（潘俊才摄）

丰城街道高桥村（潘俊才摄）

府前中心广场
（潘启划摄）

县城一隅（潘启划摄）

县城远眺（黄文铁摄）

　　《新丰县革命老区发展史》出版了，这是新丰人民政治文化生活中一件盛事。它的出版，对于人们了解新丰老区的历史地位和建设成就，认识老区人民在革命和建设中做出的重大牺牲和贡献，从而激励人们发扬革命传统，传承红色基因，促进新丰改革发展，实现新丰崛起振兴，必将起到积极作用。

　　《新丰县革命老区发展史》运用唯物史观，按照实事求是原则，比较系统、全面地记述了新丰人民在中国共产党领导下，坚持武装斗争，建设革命老区的历史。土地革命战争时期，红军早期领导人李任予为了工农解放，参加南昌起义、广州起义，创建闽西苏区，领导高蠡暴动，在中国革命史上写下光辉的一页。抗日战争时期，新丰人民广泛开展抗日救亡运动，成立抗日武装，配合东江纵队坚持敌后抗战，建立抗日游击根据地。解放战争时期，新丰人民坚持进行武装自卫斗争，发展壮大人民武装，在南下大军入粤前解放了新丰全境。中华人民共和国成立后，特别是改革开放和党的十八大以来，新丰人民发扬老区精神，自力更生，艰苦奋斗，在社会主义建设和改革开放事业中，大力开展基础设施建设，加快县域经济发展，推进社会民生建设和城乡协调发展，实现了历史性跨越，把昔日"一穷二白"的穷山沟，初步建设成富裕文明的社会主义新山区。这一切充分表明，具有光荣革命传统的新丰人民，在战争年代能够百折不挠，英勇斗争，用热血改变自己的命运；在建设时期能够奋发图强，艰苦创业，用汗水创造美好的生活。

习近平总书记指出："老区人民在革命战争年代，为革命事业作出了巨大的贡献，也为我们留下了宝贵的精神财富。没有老区人民作出的牺牲和贡献，就不可能有人民共和国的诞生，就不会有今天的社会主义事业。我们绝不能忘记历史，绝不能忘记老区人民，绝不能忘记老区的开发建设。"编纂出版《新丰县革命老区发展史》，充分肯定和阐述新丰人民在革命时期的斗争历史，充分肯定和展示新丰老区在建设年代的发展成就，充分肯定和认识老区人民在革命和建设中的奋斗精神及其时代价值，对于引导人们铭记老区历史，传承红色基因，把老区精神融入社会主义核心价值观，提升和扩大新丰革命老区的社会影响力和凝聚力，无疑具有重大的现实意义和深远的历史意义。我们要以此为契机，深入开展革命传统教育，把红色基因代代传下去，使其成为鼓舞我们不忘初心、砥砺前行的力量。首先，要让广大干部群众尤其是年轻一代懂得，今天的美好生活来之不易，是老区和老区人民用鲜血和生命换来的，任何时候都不能忘记老区和老区人民的牺牲和贡献；要用关心老区建设、支持老区发展的实际行动，把老区建设好，让老区人民共享发展成果，以此告慰革命先烈，回报老区人民。其次，要学习老区人民舍生忘死跟党走、赴汤蹈火闹革命的精神，坚定理想信念，增强使命担当，在习近平新时代中国特色社会主义思想指引下，传承红色基因，践行老区精神，像当年老区人民那样百折不挠，艰苦创业，把新丰建设得更加美好，为实现"两个一百年"奋斗目标，实现中华民族伟大复兴的中国梦作出应有的贡献！

值此《新丰县革命老区发展史》出版之际，谨向关心、支持本书编纂工作的单位、个人以及全体编纂人员致以衷心的感谢。

新丰县革命老区发展史编委会

2019 年 12 月

绪　论

一、云髻山下红旗飘

20世纪20年代以来，在中国共产党领导下，新丰人民在大革命时期，以及土地革命战争、抗日战争和解放战争中前赴后继、英勇斗争，为中国革命胜利作出了重要贡献。

1925年前后，在国共合作的推动下，大革命浪潮风起云涌，党领导的农民运动很快影响到新丰，进步青年曾福田发起成立新丰县农民协会（亦称犁头会），在丰城、梅坑等地组织发动农民，向地主豪绅开展抗租抗暴斗争。与此同时，大批青年学子奔赴广州，投身大革命洪流，有的考入黄埔军校，参加了北伐，为反帝反封建而斗争；有的接受了马克思主义，加入中国共产党，在斗争中成长为坚强的共产主义战士。南昌起义、广州起义参与者，闽西苏区创建者，红军早期领导人，高蓊暴动组织者李任予就是其中杰出的代表。他在土地革命战争时期的英勇斗争和卓越贡献，在中国革命史上写下了光辉的一页。

1937年七七事变后，在抗日救亡运动推动下，赵准生、龙景山、郑选民、梁泗源等进步青年在中共东江特委领导下，成立新丰县第一个党小组，随后又成立了党支部、中心支部和中共新丰县工作委员会。新丰党组织成立后，利用抗日先锋队的合法身份，通过舞纸马、贴标语、办小报、发传单以及举办抗战学校、成立抗日团体等形式，在民众中广泛宣传党的抗日民族统一战线政策，开展上层统战工作，促进了新丰全民抗战局面的形成。1939年12月，第一次粤北会战时，日军为打通南北交通线，调派重兵沿广韶公路经从化、新丰企图北犯韶关，国民党新丰驻军在各界民众的支援下，奋起抵抗。国民党军第十二集团军教导团在梅坑、张田等地以一个团的兵力，英勇阻击日军一个师团的进攻，血战一昼夜，130多名官兵壮烈殉国。国民党六十三军一五三师在回龙蒲昌一带设伏阻击日军，当地民众踊跃参战，或送饭送水，或救护伤员等，经过三昼夜的激烈战斗，歼灭日军500多人，击毙军马40余匹，一五三师300多名官兵及10名村民为国捐躯。抗日战争进入相持阶段后，1945年初，梁泗源、郑大东等受中共后东特委委派，回新丰筹建抗日武装，于6月上旬在马头福水村成立新丰人民抗日游击队，积极配合东江纵队北江先遣支队在新丰、英德、佛冈相邻山区开辟粤北游击区，建立抗日根据地；与日伪军和国民党顽固派展开游击战，打伏击、锄汉奸、抢军需，不断扩大游击区，发展人民武装，为抗日战争胜利作出要重要贡献。同时，也为抗战胜利后坚持开展武装自卫斗争，推翻国民党在新丰的反动统治积蓄了革命力量。

抗战胜利后，根据国共"双十协定"，新丰党组织按照中共广东区党委指示，在做好东纵北撤善后工作的同时，隐蔽骨干，保存力量。全面内战爆发后，为粉碎国民党的"剿共清乡"，1946年冬，根据中共广东区党委恢复武装斗争的指示，成立中共新丰县委，并组建了江北人民自卫总队；在极为艰苦的条件下，积极发展壮大人民武装，坚持开展自卫斗争，使游击区不断巩固、扩大：分别建立了以遥田、黄沙坑为根据地的西北解放区，以羌坑、半江为根据地的东南解放区，并以此为基础设立江北人民自卫总队西北区指挥所（后整编为中国人民解放军粤赣湘边纵队北江第一支队第一团）、东南区指挥所（后整编为中国人民解放军粤赣湘边纵队东江第二支队第二团）。人民武装发展到1500多人，先后作战120多次，擒获5名国民党县长。依靠本县地方武装力量，于1949年6月相继解放新丰、连平两座县城，8月15日成立新丰县人民政府；随后又粉碎国民党军队两次疯狂反扑，于9月14日解放新丰全境，成为全省在南下大军入粤前最早获得完全解放的县之一。与此同时，根据中共中央香港分局的"二月指示"，从1948年起，在解放区普遍建立民主政权。至1949年9月底，不仅在全县5个区、17个乡成立了区、乡人民政府，而且在邻县的连南区、龙北区、河北区、翁南区及12个乡也成立了区、乡人民政府，并在部分根据地村庄实行了土地改革。为迎接人民解放军南下解放广东，县委、县政府成立迎军支前总指挥部，要求各区、乡政府成立迎军支前委员会，发动群众修路架桥，筹集粮草，做好支前工作。同年10月初，南下大军过境新丰时，全县共筹集大米80多万斤，肉类、食品23万多斤，以及大批柴禾、草料，保障了大军过境的粮草供应。此外，县委还派出一个基干民兵营和8000多名民工，组成担架队、运输队随军南下，为广州解放作出了贡献。10月17日，中共中央华南分局第一书记叶剑英、第三书记方方率领分局机关途经新丰赴广州，当天在梅坑驻扎留宿。在听取新丰县县长龙景山的情况汇报后，叶剑英对新丰党组织多年来坚持游击战争，依靠地方武装力量，俘获5名国民党县长，解放新丰、连平两座县城和新丰全境，以及全力做好迎军支前工作，给予了高度评价。

为有牺牲多壮志，云髻山下红旗飘。新丰人民在中国共产党领导下，为争取民族独立和人民解放抛头颅、洒热血，进行百折不挠、英勇顽强的斗争，先后有270多人壮烈牺牲，终于赢得了革命胜利，在云髻山下建立了红色政权，开启了人民当家做主的新时代。

二、丰江两岸绘宏图

新丰县地域辽阔，境内山多林密，河溪纵横，森林、矿产和水能资源丰富，具有经济发展的良好条件。然而，在国民党统治时期，新丰百业萧条，经济社会发展极为落后。1949年新丰解放时，全县几乎没有近代工商业，农业生产更是靠天吃饭，当年地区生产总值1516万元，其中农业产值1157万元，工业产值仅10万元，是一个完全以农业为主的山区县。

中华人民共和国成立后，县委、县政府领导全县人民从新民主主义向社会主义过渡。一方面，通过清匪反霸，镇压反革命，肃清国民党残余反动势力，建立和巩固各级人民政权，健全了人民民主专政制度；另一方面，通过没收官僚资本，实行土地改革和生产资料私有制社会主义改造，建立了以公有制为基础的社会主义经济制度，实现了从新民主主义向社会主义的过渡。1956年后，在党的八大精神指引下，新丰与全国各地一样，开始全面进入社会主义建设时期。其间，虽然经历了"大跃进"和"文化大革命"的波折，但在全县广大干部群众的努力奋斗下，新丰社会主义建设仍然取得了重大进展。1978年，全县地区生产总值达到3879万元，是1949年的2.6倍。交通、教育、文化、卫生事业也有了较大发展，"一穷二白"面貌得到初步改变。不过，由于基础差，底子薄，尤其是长期以来党内"左"倾思想的制约，新丰经济发展还处于较低水平。主要是工业落后状况尚未改变，工业产值仅占全县生产总值三分之一；粮食生产赶不上人口增长，农村人均口粮分配只有412斤；集体经济非常薄弱，社员人均分配收入不足70元。在这样的经济状况下，农村不少社队"吃粮靠返销，生产靠贷款，生活靠救济"，大多数农民尚未解决温饱问题。

党的十一届三中全会后，特别是党的十八大以来，县委坚持以经济建设为中心，积极推进改革开放，带领全县人民凝心聚力谋发展，脚踏实地加油干，使新丰经济社会实现了持续快速发展，取得了令人瞩目的成就。

县域经济实力显著增强。改革开放后，在落实"大包干"生产责任制，解决农民温饱问题的基础上，通过调整农村产业结构，积极引导农民大力发展山区特色农业，并采取"公司+基地+农户"等模式，组织土地流转，建立种养基地，成立农业龙头企业、农民专业合作社等，使特色农业规模不断扩大，产业化水平日趋提高，逐步形成了"东菜、西果、北茶"三大产业布局，夯实了农民增收的产业基础。通过加大开放力度，制定优惠政策，改善投资环境，积极实施"工业兴县"战略，以工业园为载体，大力开展招商引资，鼓励港澳台商投资办厂，承接珠三角产业转移和促进民营企业发展，逐步建立了一批较有规模的港澳台资企业、内联企业和民营企业。党的十八大后，更是立足新丰资源、区位优势，进一步确立"绿色崛起、跨越发展"理念，大力发展绿色经济，陆续引进一批高新技术企业，初步形成了高新材料、清洁能源、绿色食品三大产业集群，加快了工业化进程，奠定了工业在国民经济的主导地位。与此同时，积极实施旅游开发，带动第三产业兴旺发展，活跃了城乡经济。随着特色农业发展、工业化推进和旅游业发展，2018年全县实现生产总值60.07亿元，比1978年增长154倍，使县域经济实力显著增强。

基础设施建设日趋完善。改革开放以来，在加快经济发展的同时，大力推进水利、能源、交通等基础设施建设。40多年来，全县新建中小型水利工程325宗，新增旱涝保收高产农田10000亩，1995年实现了初级水利化达标。2015年起，又对全县15条中小河流进行全面整治，通过修筑河堤、清理河障、疏通河道，使防洪抗灾能力大为增强。新建水电站283座，全县水电装机容量达到13.4万千瓦，比1978年增长27.5倍，城乡用电覆盖率达到100%，于1987年成为全国首批100个农村初级电气化达标县。近几年，随着境内水电资源已基本开发，又引进多家新能源企业，大力发展生物质和风能发电，使新丰清洁能源规模继续扩大。新建乡村公路500多千米，改建扩建国、省、县道414千米，公路密度每百平方千米达到75.25千米，2010年实现了县至行政村及大多数自然村公路硬底化。特别是随着境内大广高速通车和武深、韶新高速修建，四通八达的公路交通网络已经形成。此外，随着电信事业快速发展，早在21世纪初就实现了固定电话和移动电话全覆盖，使全县城乡进入了互联网时代。

社会民生事业均衡发展。改革开放后，随着县域经济实力的增强，不断加大民生投入，大力发展教育、医疗卫生、文化体育和社会保障事业。40多年来，通过优先发展教育事业，办学条件大为改善，继1996年实现九年义务教育达标后，又举全县之力推进城乡教育均衡发展。在迁建新丰一中新校区和兴建实验小学的同时，积极调整学校布局，实施"提质扩容"工程，对镇、村中小学和县中等职业技术学校进行全面改造升级，以及新建多所镇办中心幼儿园，使其全部达到义务教育规范化办学条件，实现了学前教育、义务教育、高中教育和职业教育均衡发展。2014年被评为广东省教育强县；2015年义务教育均衡县创建工作通过了国家督导验收，成为全国义务教育均衡县。随着医疗卫生体制改革不断深化，特别是国家医改惠民政策的实施，全县医疗卫生事业发展进一步加快。县人民医院经过多次改造扩建和设备更新升级，已经拥有现代先进诊疗设备以及远程会诊设施，各科室技术装备达到三甲医院配置水平，成为现代化综合医院。乡镇卫生院通过全面改造，改变了过去"破、脏、乱"状况，就医条件大为改善，其中诊疗设备实现了更新升级和配套；村卫生站收归村委管理后，经过逐年进行规范化改造，实现了"人员、设备、业务用房"三配套，全部达到了《村卫生所（室）基本标准》；并新建了县疾病防控中心、妇幼保健院和慢病站业务技术用房，配置了各种先进的监测、防控、诊疗设施设备，从而形成了县、镇、村三级医疗卫生保障网。基本实现了"小病不出村、常见病不出镇、大病不出县"的目标，提高了城乡居民健康保障水平。为丰富群众文化生活，在县城新建了图书馆、文化馆、博物馆、体育馆、文体广场和广播电视设施；在农村新建了镇文化中心，村文化室、图书室、文体广场和有线电视网络，让城乡居民享受到丰富多彩的文化生活。为保障城乡居民基本生活，通过分级统筹，政府兜底，建立和完善了城乡居民基本养老和最低生活保障制度，以及城乡居民基本医疗保障制度，实现了"应保尽保"；并从1998年开始，在农村实施扶贫开发，经过多年持续推进，基本消除了绝对贫困现象，使城乡居民基本生活得到了充分保障。

城乡协调发展扎实推进。改革开放以来，在加快城镇化同时，积极推进乡村建设，使城乡面貌发生巨大而深刻的变化，基本实现协调发展。1984年，县城大规模建设开始启动。经过30多年发展，昔日楼层低矮、市容脏乱、城区面积不到1平方千米、人口仅万余的山区小镇，已经建设成为高楼林立、市容繁华、城区面积9.3平方千米、常住人口8万多的现代山水城市。近两年来，通过实施城市整体提升工程，城区功能布局不断优化，市政道路改造升级，美化亮化日益完善，城市管理全面推进，使县城更加整洁、有序、美丽、宜居，城市品位显著提升。与此同时，乡村建设全面推进。自1998年实施农村"五改"（农房改造、村道改造、农网改造、饮水改造和厕所改造）工程以来，全部行政村实现了村道硬底化，全部自然村实现用电全覆盖，92.5%的农户用上了自来水及新式厕所，农村面貌大为改观。最近几年，更是结合扶贫攻坚，以综合整治农村人居环境为突破口，大力推进社会主义新农村建设。按照"产业兴旺、生态宜居、乡风文明、治理有效、生活富裕"的总体要求，省定19个贫困村，交通干道沿线及云髻山周边37个行政村，作为新农村建设示范村和先行试点村，各项建设正在按规划有序推进。随着这批新农村的建成，城乡协调发展必将进一步加快。

生态文明建设成效显著。在"大跃进"和"文化大革命"期间，新丰生态环境曾遭到严重破坏，森林覆盖率下降，水土流失加剧，过去清澈见底的新丰江一度浑浊不堪。面对这种严峻情况，从1985年以来，县委、县政府把绿化荒山、保护生态纳入经济社会发展规划，在健全政策法规、强化保护措施的基础上，通过控制木材砍伐，实行封山育林，关闭污染企业，修建排污设施，推行节能减排，开展大气治理，使生态环境逐步得到修复，保住了新丰的绿水青山蓝天。如今，全县森林覆盖率达到80.79%，位居全省前列；新丰江重现一江清水，常年水质保持在国家地表Ⅱ类水标准；二氧化硫、粉尘和烟尘排放得到严格控制，大气环境质量稳定在国家二级标准。良好的自然生态，正在成为新丰经济社会发展的宝贵资源。2016年，继鲁古河水库被确定为国家湿地公园后，新丰又被国务院划为国家重点生态功能区。

风雨兼程七十年，丰江两岸绘宏图。中华人民共和国成立七十年来，特别是改革开放以来，新丰人民发扬老区革命精神，奋发图强，艰苦创业，在新丰大地上描绘出一幅山区崛起的壮丽画卷。虽然，新丰的发展还没有珠三角那么辉煌，但是，毕竟改变了新丰"一穷二白"的历史。更令人鼓舞的是，在这片流淌过革命先烈鲜血，充满希望的土地上，坎坷已经踏平，前景更加灿烂。党的十九大后，在习近平新时代中国特色社会主义思想指引下，县委、县政府不忘初心，牢记使命，进一步确立了生态富民立县发展战略，以"融入珠三角，服务大湾区"为导向，带领全县人民为决胜全面建成小康社会，实现乡村振兴，在丰江两岸描绘新的蓝图，开创新丰更加美好的明天而努力奋斗。

1

第一章

老区概况

一、地理位置

新丰县地处广东省中北部山区，位于东经113°42'~114°36'，北纬23°53'~24°17'。既是九连山脉与青云山脉交汇处，又是东江水系、北江水系和流溪水系分流处，也是新丰江发源地。新丰县东北与连平县接壤，东南与东源县毗邻，南接龙门县、广州市从化区，北靠翁源县，西接英德市，西南与佛冈县相邻。总面积2015.2平方千米，其中耕地13.55万亩，山地251.58万亩，素有"九山半水半分田"之称，是典型的大山区。境内云髻山海拔1438米，是广东中北部最高峰。

二、历史沿革

新丰县是千年古县。南齐永明元年（483）析龙川设置新丰县，取"物产丰饶"之意，属广州南海郡。隋开皇十八年（598）改称休吉县，属循州总管府。隋大业三年（607）废休吉为河源县地，属龙川郡。明隆庆三年（1569）析河源县地，兼割英德、翁源两县之东南隅，设置长宁县，属惠州府。民国三年（1914）为免与四川、江西两省长宁县同名，复称新丰县，属广东省第四行政区（东江）管辖。中华人民共和国成立之初，隶属北江专区；1951年12月划入东江专区；1952年6月改属粤北行政公署；1958年12月，新丰与翁源合并，称翁源县；1959年11月与翁源分县，恢复新丰县建制，隶属韶关地区；1975年1月划入广州市管辖；1988年1月又划回韶关市管辖。千百年来，新丰虽不是边陲之地，但由于地处群山之中，是中原南迁先人逃避战乱、休养生息的落脚点，因此成为客家人聚居地。

三、乡镇建制

民国时期，新丰县设5个区，分别是中区（附城、梅坑）、东区（马头）、南区（锡场）、西区（沙田、遥田）、北区（黄礤、回龙）。中华人民共和国成立初期，经多次调整，1953年设1镇6区，即丰城镇、附城区、马头区、梅坑区、沙田区、回龙区、锡场区（1957年划归河源县）。1958年公社化后，初设8个公社，分别是城镇公社、城郊公社、马头公社、梅坑公社、沙田公社、遥田公社、黄礤公社、回龙公社。1974年从马头公社析出大席片、石角片，成立大席公社、石角公社；从梅坑公社析出小正片，成立小正公社。改革开放后，1983年撤销人民公社建制，分别设立丰郊区、黄礤区、马头区、梅坑区、沙田区、遥田区、回龙区、大席区、石角区、小正区。1986年撤区设镇（乡），分别设立丰城镇、黄礤镇、马头镇、梅坑镇、沙田镇、遥田镇、回龙镇及大席乡、石角乡、小正乡。2005年乡镇调整时，全县设1街6镇，其中丰城镇改为丰城街道，大席、石角并入马头镇，小正并入梅坑镇，黄礤镇、沙田镇、遥田镇、回龙镇保留不变，共辖16个社区，141个行政村，户籍人口26.7万人。县人民政府驻地丰城，南距广州市150千米，北距韶关市165千米，东南距深圳市200千米，均有高速公路或国道相通。

四、自然资源

新丰县位于亚热带季风气候区，常年雨量充沛，阳光充足，四季分明，无霜期长，具有夏无酷暑、冬少严寒的特征。温润的气候、多山的环境，让新丰动植物资源丰富。动物有195种，其中属于国家重点保护动物的有金钱豹、娃娃鱼、穿山甲、黄腹角雉、白颈长尾雉等25种；植物有1372种，其中被列为国家重点保护植物的有半枫荷、红豆杉、七叶一枝花、榉树、金花木等9种。良好的自然生态，使新丰森林覆盖率达到80.79%，为东江深港供水工程提供43%水源，成为珠三角生态屏障。新丰县2016年被纳入国家重点生态功能区；优美的山水风光，还为旅游业发展提供了广阔前景。新丰县矿产资源丰富，拥有铁、煤、钨、瓷土、稀土等26种金属类、非金属类及能源化工类矿产。其中稀土矿储量50多万吨，占全省储藏量67%，正在建设华南地区最大稀土研发、生产基地。

五、老区评划

从20世纪20年代以来，在中国共产党领导下，新丰人民为争取翻身解放进行了英勇卓绝的斗争。土地革命战争时期，新丰籍革命英烈李任予在闽西创建苏区，成为工农红军早期领导人，为中国革命作出了不可磨灭的贡献。抗日战争时期，新丰成立抗日游击队，建立粤北抗日根据地，成为东江纵队坚持敌后抗战的重要区域。解放战争时期，不断发展壮大人民武装，坚持开展自卫斗争，在南下大军入粤前解放了新丰全境，并全力做好拥军支前工作，为广州解放作出了贡献。在长达十余年的革命斗争中，先后有270多人英勇牺牲，为革命献出了生命。1988年至1991年评划革命老区时，以牺牲大、贡献大为依据，经韶关市人民政府批准，报广东省民政厅备案，马头、黄礤、遥田、大席、石角、小正、回龙等7个乡镇被评为革命老区镇，占全县乡镇70%；福水、羌坑、板岭下、黄沙坑、江下、军屯等86个行政村为有革命老区行政村，占全县行政村60.5%，其中抗日战争时期老区村30个，解放战争时期老区村56个，共有老区人口104833人，占当时全县人口总数59%。2005年乡镇调整时，大席镇、石角镇并入马头镇，小正镇并入梅坑镇，现有老区镇4个，有革命老区行政村86个。

第二章

大革命时期和土地革命战争时期的斗争

大革命时期和土地革命战争时期的新丰

　　1924年，在中国共产党推动下，国共两党实现第一次合作，反帝反封建的大革命浪潮席卷全国。

　　此时，新丰虽然没有建立共产党组织，但是，党领导的农民运动也很快影响到新丰。进步青年曾福田在韶关参加了农民运动训练班，回到新丰后通过串联发动，在聚奎乡（今丰城街道龙江、龙文、龙围等村）、诸梅乡（今梅坑镇梅西、梅坑、梅东等村）建立农会，并成立了新丰县农民协会，把贫苦农民组织起来，向地主豪绅展开抗租抗暴斗争，有力地冲击了新丰的封建反动势力。与此同时，大批青年学子为了追求真理，救国救民，纷纷奔赴广州，投身大革命洪流。他们中有11人考入黄埔军校，参加北伐，在反帝反封建斗争中作出了贡献；有的接受马克思主义，加入了中国共产党，在斗争中成长为坚强的共产主义战士。李任予就是其中杰出的代表。1925年，李任予在广东省立第一甲种工业专科学校读书时，受工人运动领袖苏兆征、邓中夏影响，参加省港大罢工，加入党组织，后又投笔从戎，随叶挺率领的"铁军"参加北伐。1927年"四一二"反革命政变发生后，李任予毅然参加南昌起义、广州起义。1928年春，李任予受党组织委派，赴福建开展土地革命，先后任中共福建临时省委特派员、中共闽西临时特委军事书记，在闽西一带组织工农武装，参与创建闽西苏区，积极配合毛泽东、朱德领导的中国工农红军第四军作战，为巩固扩大中央苏区作出了贡献。1929年7月后，李任予任红四军政治部主任期间，负责筹备召开红四军第九次党代会（即古田会议），协助毛泽东起草古田会议决议，并在会上当选为红四军前敌委员会委员，排名在毛泽东、朱德、陈毅之后，成为工农红军早期领导人之一。1931年九一八事变后，李任予作为中央特派员，先后任中共北平市委组织部长、代理书记，为恢复北平党组织，发动大中学生开展反蒋抗日运动做了大量卓有成效的工作。1932年5月，李任予调任中共保属特委书记，组织领导了著名的"保定二师学潮"和震惊华北的"高蠡暴动"，在冀中平原撒播了武装斗争的火种。同年9月，李任予因叛徒出卖被捕，在狱中受尽酷刑，坚贞不屈，为中国革命献出了年轻的生命。

在同一时期，陈亦谋也是值得一提的历史人物。1925年5月，陈亦谋在广州中山大学附中读书时入党，是最早加入中国共产党的新丰人，于同年10月与左权、伍修权以及蒋经国等国共两党青年精英一起，赴苏联莫斯科中山大学留学。在校期间，由于受托洛茨基思想影响，参加了托派活动，1927年冬被苏联遣送回国。人生道路上这一重大挫折，并未使他的革命意志消沉。1928年春，陈亦谋回到新丰后，虽然白色恐怖笼罩，他又离开了组织，但他不改入党初衷，在家乡涧下村秘密成立"犁头会"（农会），通过办农民夜校，以学文化为掩护，宣传党的革命主张，启发乡亲的阶级觉悟，并在乡中好友中传阅从苏联带回的革命书刊，策划成立农民武装，开展武装斗争，后因筹措枪支被人告发，受到国民党地方当局通缉。1929年春，陈亦谋被迫离开新丰辗转抵达上海，后参加了陈独秀领导的自称为"中国共产党左派反对派"的托派组织，并当选为该组织的中央组织部部长，继续从事反对国民党独裁统治的斗争。1931年5月，陈亦谋被国民党上海当局以"共党"罪名逮捕、判刑。1932年1月，病殁于国民党江苏省监狱。

大革命时期，新丰农民运动虽然规模不大，但传播了共产党的革命主张，在新丰山区扩大了党的影响。土地革命时期，李任予虽然没有在新丰从事革命活动，但他的战斗足迹遍及大半个中国，用生命谱写了一个共产党人为了民族独立、人民解放南北转战，舍生取义的传奇。陈亦谋在革命低潮时，不改初衷，回到家乡办夜校，成立农会，筹建农民武装，继续从事革命活动，直至献出生命。这一切充分体现了新丰人民在中国共产党指引下，追求真理、勇于献身的革命精神。正是凭着这种精神，新丰人民在党的领导下，坚持敌后抗战和开展武装自卫斗争，为夺取抗日战争和解放战争胜利作出了重大牺牲和贡献。

红军早期领导人李任予

一、投身大革命洪流

李任予，1903年11月出生于新丰县丰城街道城东村一个农民家庭，兄妹5人，他为长兄。其父李名五，以教书、行医为生，兼种几亩薄田，勉强维持七口之家生活。贫寒的家境，使他从小养成勤奋好学、刚正坚毅的性格。幼年随父在私塾读书时，他早诵晚读，刻苦求知，成绩名列前茅。1923年，在其舅父资助下，李任予考入韶关开明中学。在校就读期间，受五四后各种新思想、新文化影响，他经常利用课余时间阅读进步书刊，寻求救国救民之道，并积极参加校内进步活动。1924年，因为参与发起反对校方压制学生进步活动，李任予遭到学校开除。

为了实现救国救民的抱负，1925年初，李任予前往广州，考入广东省立第一甲种工业专科学校。此时的广州，在国共合作的推动下，大革命浪潮风起云涌，这既使他深受鼓舞，更激发了他投身大革命的热情。在工运领袖苏兆征、邓中夏引领下，李任予接受了马克思主义启蒙，他一边读书，一边积极参加工人运动，在省港大罢工中表现突出，同年10月加入中国共产党。

1926年，李任予接受党组织安排，投笔从戎，在国民革命军蒋光鼐部某团任政治指导员，随军北伐。1927年，蒋介石发动"四一二"反革命政变，疯狂屠杀共产党人和革命群众。在白色恐怖的笼罩下，李任予响应党的号召，毅然率部参加南昌起义。起义失败后，他乔装脱险，潜回广州找到党组织，接着又参加广州起义。在起义中，面对国民党反动派疯狂反扑，李任予率工人赤卫队顽强抵抗，血战街头，直至起义失败撤往海陆丰。这样，在不到半年时间里，为了工农劳苦大众的翻身解放，李任予义无反顾接连参加南昌起义、广州起义，经受了血与火的洗礼，成为一个坚强的共产主义战士。

二、参与创建闽西苏区

1928年春，李任予受党组织委派前往福建，先后任中共福建临时省委特派员、中共闽西临时特委军委书记，在闽西开展土地革命。其间，李任予与特委书记邓子恢等深入平和、连城、龙岩、永定、上杭、长汀一带农村，发动群众，组织工农武装，举行武装暴动，建立红色政权，为创建闽西苏区奠定了基础。

1929年春，为打破蒋介石对井冈山根据地的"会剿"，毛泽东、朱德率红四军主力第一次入闽。李任予率领闽西工农武装，主动出击，积极配合红四军作战，从而粉碎了蒋介石对井冈山的"会剿"，扩大了闽西苏区。

5月中旬，闽西军阀赶往广东参加粤桂军阀战争。毛泽东、朱德乘闽西敌军兵力空虚之机，决定避敌锋芒，率红四军第二次入闽，经长汀、四都直取龙岩，在李任予率领的闽西地方武装配合下，接连攻占龙岩、永定等县城，使闽西苏区得到进一步巩固和发展，开创了闽西革命斗争新局面。6月，红四军在闽西休整期间，为加强地方武装正规化建设，扩充红军主力，毛泽东、朱德决定，将闽西地方武装整编为红四军第四纵队，由傅柏翠为纵队长，李任予为党代表。

第四纵队组建不久，蒋介石为消灭闽西正在蓬勃发展的革命势力，迅速调集闽、赣、粤三省兵力，对闽西苏区进行"会剿"。面对来势凶猛的敌人，李任予率第四纵队配合红四军主力，采取灵活机动的游击战术，先后取得了3次攻占龙岩县城的胜利，并在红四军"七月分兵"行动中，与其他纵队一起，在闽西广大地区放手发动群众，打土豪、分田地、建立苏维埃政权，进一步巩固和扩大了闽西苏区，第四纵队也在反"会剿"战斗中不断发展壮大，成为红四军主力纵队之一。

三、接任红四军政治部主任

1929年7月，李任予调任红四军第二纵队党代表、军委书记兼政治部主任，不久，又接替陈毅任红四军政治部主任，辅佐毛泽东、朱德加强红四军思想政治工作。

李任予接任红四军政治部主任后，为扩大政治宣传，鼓舞部队斗志，以红四军政治部名义创办了《浪花》报，采用通俗易懂的形式，旗帜鲜明地宣传党和人民军队宗旨，揭露国民党压迫剥削工农大众的反动本质，报道苏区军民反"围剿"斗争的胜利，号召广大指战员为打倒国民党反动统治，建立人民当家做主的新中国而奋斗。为了办好《浪花》报，李任予经常废寝忘食，组织、审阅、修改稿件，有时还亲自撰写重要文章，使《浪花》报既政治鲜明，又生动活泼，深受广大指战员欢迎。《浪花》报的创办，开创了人民军队新闻宣传工作的先河，成为人民军队第一张铅印军报。古田会议纪念馆收藏有李任予主编的《浪花》报创刊号，被鉴定为国家二级文物。

1929年10月，红四军攻占了上杭县城后，为加强地方工作领导，李任予兼任中共上杭县委书记。李任予到任后，在广泛发动群众的基础上，召开上杭县第一次工农兵代表大会，成立上杭县苏维埃政府。为打破国民党对苏区的经济封锁，李任予在才溪乡创办了闽西第一个消费合作社，并在全县推广，从而活跃了苏区经济，促进了物资交流，粉碎了国民党企图在经济上"困死"苏区的阴谋。

在上杭期间，李任予与毛泽东等红四军领导人接触较多，颇得他们赏识。这年重阳节，毛泽东从永定来到上杭，当他看到漫山遍野金黄色的野菊花，联想到上杭大好革命形势，不禁诗兴大发，在上杭临江楼挥笔写下《采桑子·重阳》："人生易老天难老，岁岁重阳。今又重阳，战地黄花分外香。一年一度秋风劲，不似春光。胜似春光，寥廓江天万里霜。"这首词，既是诗人对自然风光的赞美，又是他革命豪情的抒发，或许，也表达了他对上杭革命形势的肯定。闽西是客家地区，毛泽东在上杭开展农村调查和群众工作时，他的湖南话让当地人听不明白。李任予是客家人，每逢这种场合，他总是主动给毛泽东当"翻译"，将毛泽东说的湖南话用客家话表述出来，让当地老百姓倍感亲切，又懂得了革命道理。李任予这种热情主动、认真负责、积极协助毛泽东开展工作的精神，深得陈毅赞赏。当时，为了争取驻福建的国民党蒋光鼐部起义，朱德、陈毅准备让曾与蒋共过事的李任予前往福州做工作，陈毅还特此写下两句诗："且遣李郎招旧部，重阳决策下福州"，对李任予去福州搞"策反"寄予厚望。福建省委对李任予工作也十分满意，曾专门给红四军前委去信，请求将李任予留在闽西工作。这一切充分表明，当年，毛泽东、朱德、陈毅及苏区人民对李任予的器重和信任。

四、筹备召开古田会议

1929年11月28日，在福建长汀，李任予参加了毛泽东主持召开的红四军前委扩大会议，会议决定召开中国共产党红四军第九次代表大会，并对红军部队进行政治军事整训。

根据前委会议决定，李任予作为红四军政治主任，主要负责红四军"九大"筹备工作。在会议筹备期间，对代表产生、会议日程、文件起草、代表食宿等工作，李任予都亲自部署，周密安排。尤其是在"九大"召开前的10多天里，为协助毛泽东解决当时红四军存在的问题和争论，统一党内思想，李任予几乎天天和毛泽东一起深入部队，召开各级干部联席会、座谈会，以纠正党内错误思想为议题，查找单纯军事观点、军阀作风、游击习气等非无产阶级思想在红军中的表现和根源，探讨解决的办法和措施。这些深入细致的工作，既为毛泽东起草会议决议提供了大量第一手材料，也为红四军"九大"召开做了思想上、组织上的充分准备。

12月28日，在毛泽东主持下，中国共产党红四军第九次代表大会在上杭古田隆重召开。李任予代表红四军政治部在会上致辞，号召与会代表按照毛泽东所作报告的精神，纠正党内各种非无产阶级思想，加强党内团结，增强组织纪律性，发挥党团员以身作则的模范作用，为实现党的最终目标努力奋斗。大会期间，选举产生由毛泽东、朱德、陈毅、李任予、黄益善、罗荣桓、林彪、伍中豪、谭震林、宋裕和、田桂祥等11人组成的红四军前敌委员会，毛泽东当选前委书记，李任予在11名委员中排名第4位，成为红四军主要领导人之一。同时，大会一致通过了毛泽东在会上所作报告，以及《中国共产党红军第四军第九次代表大会决议》（即古田会议决议）等各项决议案。古田会议的召开，结束了红四军党内关于如何建军的争论，尤其是大会通过的决议，确立了"思想建党、政治建军"的根本原则，成为建设新型人民军队的伟大纲领。作为会议组织者之一，李任予为古田会议召开做了大量工作，倾注了许多心血和汗水，他对古田会议的贡献也是功不可没的。

古田会议后，李任予为贯彻大会决议，落实"政治建军"原则，主持制定了《红军第四军各级政治工作纲领》，以及《宣传员工作纲要》等文件，明确了红军政治工作基本任务，以及政治工作与军事工作的关系等，为建立人民军队政治工作制度进行了积极探索。

1930年2月上旬，李任予在江西吉安参加了毛泽东主持召开的红四军前委，红五军、红六军军委及赣西南特委联席会议（即二七会议）。会上，毛泽东作了关于政治形势和今后任务的报告，确定了深入土地革命、建立革命政权和发展工农武装三大任务。同时，根据形势发展需要，成立了统一领导指挥赣西南、闽西、东江革命根据地，以及红四、五、六军的"总前委"，由各军和各根据地党政军主要领导人组成，毛泽东为总前委书记，李任予为常务委员兼党团书记。二七会议后，在毛泽东统一领导指挥下，红四、五、六军协同作战，在吉安水南、施家边全歼国民党独立第十五旅近3000人，接连取得反"围剿"战斗胜利，进一步发展了革命大好形势，使赣南、闽西苏区连成一片，逐步形成了以瑞金为中心的中央苏区。

同年6月，红四军第四纵队与红十二军第一纵队在龙岩整编为中国工农红军第二十一军，李任予任政治委员、军委书记，并兼任闽西革命军事委员会主席。此后，李任予率部坚守闽西，领导闽西人民深入开展土地革命，建立红色政权，发展工农武装，为巩固和扩大闽西苏区作出了不可磨灭的贡献。

五、转战华北洒热血

1930年12月，党中央为加强白区工作，调李任予离开战斗了3年的闽西苏区，前往上海、南京领导城市地下斗争。李任予在刀光剑影的隐蔽战线，经受了血雨腥风的考验。

1931年九一八事变后，党中央为推动华北反蒋抗日运动开展，开辟北方苏区，委任李任予为中央特派员前往北平。李任予先后任中共北平市委组织部部长、代理书记，为恢复和整顿北平党组织，领导北平学生开展反蒋抗日运动做了许多卓有成效的工作。据中共北京市委党史研究资料显示，"四一二"反革命政变后，北平市党组织遭到严重破坏，许多党员失去联系。李任予到任时，全市仅有党员76人。在他的努力下，经过艰苦细致的工作，至年底基层党组织恢复到60多个，党员增至300多人。与此同时，李任予还深入北大、清华、燕京等大学，发动北平学生成立南下请愿团，冲破国民党当局重重阻挠，前往南京递交抗日请愿书，强烈要求蒋介石枪口对外，对日抗战。北平学生的正义呼声，推动了全国各地爱国抗日运动的开展。

1932年5月，李任予调任中共保属特委书记。他到任不久，就在保定第二师范组织开展反蒋抗日运动。师生们的正义行动，引起了地方当局的恐慌，派出大批军警包围学校，封锁学校与外界联系，甚至采取断水、断电、断粮等手段，企图逼迫师生离校，停止反蒋抗日活动。在这种情况下，李任予一方面组织师生开展护校斗争；另一方面发动社会各界和广大市民进行声援，送水送粮接济师生。在各界大力支援下，保定二师师生不退让，不离校，坚持进行护校斗争。7月6日，恼羞成怒的国民党地方当局悍然下令军警砸开校门，推倒围墙，冲进校园，残杀进步师生42人，制造了震惊全国的"保定二师学潮"。国民党当局的血腥暴行，充分暴露了他们的反动嘴脸，遭到全国人民的强烈抗议和谴责。

二师学潮后，中共河北省委根据党中央指示，为配合中央苏区反"围剿"斗争，决定在冀中地区组织武装暴动，开辟北方苏区。曾参与创建闽西苏区的保属特委书记李任予，肩负起组织领导武装暴动的重任。他深入高阳、蠡县一带农村，与当地党组织一起发动群众，培训武装骨干，很快建立起一支300多人的武装队伍，并制定了暴动计划。由于暴动消息被敌人察觉，暴动被迫提前。8月27日，在李任予指挥下，高阳、蠡县两县数千农民举行了轰动华北的高蠡暴动，在冀中平原掀起打土豪、分田地、建立苏维埃的红色风暴。然而，因为对在平原地区开展武装斗争的困难认识不足，加上准备仓促，在国民党反动派重兵反扑下，暴动很快失败了。但是，高蠡暴动在华北大地打响了武装反抗国民党反动统治的第一枪，点燃了冀中平原武装斗争的火种。

高蠡暴动失败后，由于叛徒出卖，同年9月李任予不幸被捕。在狱中，他经受了各种酷刑，始终坚贞不屈，表现出一名共产党员的铮铮铁骨。中共河北省委为营救他，曾请冯玉祥、蔡廷锴等面见蒋介石，蒋介石均以"李之道（李任予化名）是中共保定头目，煽动领导高蠡暴动有据"而拒绝。11月27日，李任予在保定英勇就义，临刑时高呼"红军万岁！""中国共产党万岁！"为中国革命献出了年仅29岁的生命。

李任予1925年投身革命，1932年壮烈牺牲，为了共产主义事业，他南北转战，经历了中国革命诸多重大历史事件，从参加省港罢工、北伐战争、南昌起义、广州起义，到创建闽西苏区，筹备古田会议，从事地下斗争，组织领导北平反蒋抗日运动、保定二师学潮和高蠡暴动，革命足迹遍及大半个中国，用鲜血和生命践行了一名共产党员的初心和使命。其革命阅历之丰富，在早期共产党人中无疑是个传奇，特别是在古田会议前后，他为创建闽西苏区、筹备召开古田会议，确立"思想建党，政治建军"根本原则，建立人民军队政治工作制度作出了重大贡献，书写了人生最辉煌的一页。

3

第三章
建立抗日游击区

第一节 新丰党组织的建立

　　1937年七七事变后，抗日战争全面爆发。在国共合作推动下，1938年初，国民党广东当局在各地成立民众抗日自卫团统率委员会，编练壮丁、武装民众，准备全面抗战。中共广东省委利用这一机会，通过广东省民众抗日自卫团统率委员会，委派中共党员周冷担任新丰县民众抗日自卫团统率委员会政治训导员，协助国民党新丰县政府组建和训练民众抗日自卫团队。

　　周冷到新丰上任后，利用政治训导员的合法身份，一方面，积极向地方当局和社会各界宣传党的抗日主张和抗日民族统一战线政策，宣传毛泽东关于抗日持久战思想，批驳亡国论、速胜论观点，指出坚持抗战的光明前途；另一方面，协助地方当局组建县、区、乡民众抗日自卫团、队，开展军政训练，通过多种形式，组织参训壮丁学习时事政治，向他们介绍全国各地抗战形势，揭露日本军国主义企图灭亡中国的狼子野心，教唱《义勇军进行曲》《大刀进行曲》《游击队之歌》等抗战歌曲，激发广大民众的抗战热情，增强抗战必胜的信心。周冷在新丰工作期间，不仅出色地完成了新丰县民众抗日自卫团队的编练任务，扩大了中国共产党在新丰的影响，推动了国共合作、全民抗战局面在新丰的形成；而且吸引和团结了一大批进步青年，培养了赵准生、龙景山、郑选民等一批革命骨干，为在新丰建立党组织做了许多基础工作。其间，赵准生等人曾向周冷提出入党要求，但由于广州沦陷，时局突变，周冷一度与上级党组织失去了联系，无法解决他们的入党问题。不过，周冷奉令调离新丰时，特别叮嘱赵准生等人，以后会有个叫"欧敏"的人来找他们，那时他们的愿望就可实现了。

广州沦陷后，由中共党员和进步青年学生组成的"广东青年抗日先锋队"（简称广东抗先队），根据中共广东省委指示，组成三个区队，肩负"宣传群众，团结抗日，组织群众，培训骨干，发展党组织"的使命，分赴东江、西江、北江广大城乡，开展抗日救亡运动，发展党的组织。1939年2月，广东抗先队东江区队抵达惠州后，中共东江特委为加强统一领导，以抗先队东江区队党支部、东江华侨回乡抗日服务团第五团党支部为基础，成立了中共河源中心支部，并指派支部副书记李光中负责新丰地区的抗日救亡运动和建立党组织的工作。

李光中接受任务后，化名欧敏，以广东抗先队东江区队名义来到时属新丰县的锡场区，找到在区公署任职的赵准生，把周冷的信交给他。赵准生看信后，明白这是党组织派人来联系他了，心情十分激动，因为眼前的"欧敏"就是他一直盼望的人。而李光中来新丰前，周冷也曾向他详细介绍了赵准生等人追求进步，积极要求入党的情况。这样，两人虽是初次见面，但共同的理想信念，使他俩一见如故。在赵准生的协助下，李光中以抗先队队员身份在锡场公开活动。一方面，通过开展上层统战工作，取得时任锡场区区长李仿山的支持，在锡场成立了抗先队锡场分队，由赵准生任队长，组织当地青年学生宣传抗日，开展抗日救亡运动；另一方面，通过抗日救亡运动，在抗先队里培养和考察建党对象。经过一段时间的斗争锻炼和考验，1939年4月，经中共东江特委批准，李光中先后介绍了赵准生、古师贤等4人入党，在锡场成立了新丰县第一个党小组。随后，通过赵准生等党员的努力，抗先队活动逐步扩展到马头地区，并在抗日救亡运动中，相继在军屯、福水吸收了郑选民、龙景山、郑大东等人入党，成立了军屯、福水党小组，党员发展到11人。5月，正式成立了中共新丰县马头支部，由赵准生任支部书记，龙景山任组织委员，郑选民任宣传委员。

马头党支部成立后，继续以抗先队的公开身份在群众中宣传和动员，广泛开展抗日救亡运动，并在运动中发展新党员，扩大党组织，把在抗日救亡工作中表现突出、追求进步的抗先队队员吸收到党内，相继在马头区校以及军屯、福水、羌坑等村成立了党支部，党员增加到27人。随着新丰党组织的发展，1940年11月，经中共东江特委同意，成立了中共新丰县中心支部，由赵准生任支部书记兼组织委员，郑选民任宣传委员，龙景山任统战委员。

这样，随着新丰党组织的建立，特别是中心支部成立后，新丰人民的革命斗争从此有了党的领导，开启了百折不挠的奋斗征程。

抗日救亡运动的广泛开展

全面抗战初期，在国共合作的形势下，随着广东抗先队进入新丰，特别是新丰党组织的建立，新丰抗日救亡运动迅速从圩镇扩展到乡村，使中国共产党的抗日主张广为人知，深入人心，有力地推动了新丰全民抗战局面的形成。

马头党支部成立不久，就以教师联谊会名义编印出版《抗声报》。《抗声报》宣传党的抗日民族统一战线政策，宣传毛泽东的抗日持久战思想；批驳社会上的"亡国论""速胜论"观点，揭露日本军国主义的侵略野心；报道前线军民英勇抗战的消息，介绍各地开展抗日救亡运动的动态；让社会各界和广大民众了解党的抗战主张，认清形势，看到前途，坚定抗战决心，团结起来共赴国难。与此同时，组织进步青年、学校师生走上街头、深入乡村，通过集会演讲、散发传单、张贴标语、出版墙报、教唱抗战歌曲、编演抗战剧目等形式，向广大民众宣传全民抗战，揭露日本法西斯的亡我之心及其烧杀抢掠的暴行，号召大家同仇敌忾，有钱出钱、有力出力，大力支持抗战。此外，还在福水、军屯等地，组织热血青年、学校师生成立"兄弟会""读书会""习武班"等抗日团体，引导他们阅读进步书刊，提高抗战觉悟；学习军事知识，做好抗战准备。把马头地区的抗日救亡运动搞得有声有色、如火如荼，带动了全县抗日救亡运动的开展。

中共新丰县中心支部成立后，为推动全县各地抗日救亡运动的开展，立即安排党员骨干以教师职业为掩护，分赴西区沙田、北区黄礤等地学校任教，指导和推动当地抗日救亡运动。北区进步青年梁泗源在广州读书时，曾在中山大学聆听八路军参谋长叶剑英关于抗战形势的报告，深受教育和鼓舞。广州沦陷后，他毅然返回家乡，与好友张雪斋、梁云康一起，于1939年初在梁坝村办起一所抗战学校，吸收本村及邻村子弟入学，组织他们学文化、学政治、学军事，从小培养他们树立抗日救国思想，掌握基本军事技能，为抗战做准备。中心支部成立后，马上派宣传委员郑选民前去协助梁泗源办好抗战学校，并提供抗战宣传资料及军训教材等，以此推动北区一带的抗日救亡运动。在办学军训的同时，他们还帮助学校成立抗日救亡宣传队，采用民间喜闻乐见的舞纸马、唱山歌等形式，到附近乡村巡回演出，宣传抗日救国。德高望重的清末举人梁守诚老先生看了演出，当即为宣传队题写了"抗日救国，抗战至上"八个大字，并登台给村民们讲述抗日就是爱国，爱国就要救国，救国就要抗日的道理，既让村民们受到教育，也让师生们深受鼓舞。此后，他们翻山越岭，走村串寨，不但在北区一带乡村巡回演出，还自带干粮、行李，深入到西区的沙田、回龙等地宣传演出。他们的演出唤起了民众的抗战热忱，鼓舞了大家抗战到底的决心。在回龙来石村，曾参加"一·二八"淞沪抗战，原十九路军某部连长陈子奎看过演出后，当即表示一旦日本鬼子来犯，一定重新拿起武器与其拼到底。不久，当日寇沿广韶公路进攻韶关经过来石村时，他挺身而出带领村里壮丁队袭扰日军，在战斗中壮烈牺牲，用生命实践了他的诺言。在蒲昌村演出时，开明人士罗子谦不仅热情张罗招待宣传队，而且召集村中父老开座谈会，号召大家既要出钱出物支持抗战，也要出人出枪成立抗日义勇队。在他的倡议下，村里成立了一支由20

多名壮丁组成的大刀队。后来，在日军进犯蒲昌时，为了通知村民疏散转移，罗子谦也被日军杀害。蒲昌阻击战打响后，村里大刀队更是勇敢参战，为担负阻击任务的国民党六十三军一五三师送水送饭、救护伤员，在三天三夜的激战中，有10名队员献出了生命。同年冬，由于日军大举进攻粤北，时局发生急剧变化，宣传队提前结束了在西区的活动回到梁坝，继续在北区一带开展抗战宣传，并协助党组织在梁坝、黄沙坑、高群等村成立农会和民兵队伍，实行"二五"减租，减轻农民负担，为后来在这一带建立抗日根据地打下了良好的群众基础。

在抗日救亡运动中，为推动国共合作，团结一切抗日力量，新丰党组织成立后，认真贯彻党的抗日民族统一战线，采取多种形式，通过多种渠道，积极开展统战工作，尽最大可能团结进步人士，争取中间人物，孤立分化反动分子，从而使新丰在抗战初期组成了广泛的抗日民族统一战线，推动了全民抗战局面的形成。特别是中心支部成立后，安排人脉广、有众望的龙景山担任统战委员，并通过关系让他进入地方当局工作，先后在马头区、锡场区、沙田区担任区署指导员、警所巡官、副乡长等。龙景山利用这一特殊身份，广泛接触地方上层人士，结交了时任新丰县县长等一批地方党政要员，为抗日救亡运动的开展和党组织的活动提供了方便。如：锡场区区长李仿山，大力支持抗先队在锡场活动，为新丰第一个党小组建立创造了条件；沙田区区长潘家杰经常与党组织联系，提供当局有关情况，还把区公署作为党的活动场所，为党组织来往人员提供食宿。当国民党顽固派掀起反共高潮时，李仿山、潘家杰等地方官员还挺身而出，掩护当地的共产党员转移，营救被捕人员等，为党做了许多工作。

在新丰党组织的推动下，抗日救亡运动很快在新丰城乡广泛开展起来，既唤起了广大民众，又团结了各界人士，使全县形成了同仇敌忾、共赴国难的局面。广大民众和各界人士不仅有钱出钱，有物出物，大力支持抗战，而且踊跃参加抗日自卫队、大刀队、壮丁队，准备抗击来犯日寇，保卫家园。

新丰军民英勇抗击日军

随着抗日救亡运动的广泛开展，新丰各界抗战热情空前高涨。1939年冬，第一次粤北会战时，在新丰广大民众支援下，国民党第十二集团军教导团、六十三军一五三师在新丰境内广韶公路英勇抗击来犯日军，给日本侵略者以沉重的打击。

广韶公路，是抗战时期广州通往韶关唯一干线公路，在新丰境内长达60多千米，是日军从广州北上攻占韶关，打通南北交通线的必经之路，因此成为敌我双方争夺的重点。1939年12月下旬，日军在攻占从化良口、吕田后，其第十八师团沿广韶公路继续北上，在新丰梅坑首先遭到国民党第十二集团军教导团顽强阻击。

国民党第十二集团军教导团是广州被日军侵占后，集团军总司令余汉谋为整训部队、加强战备，在八路军驻粤办事处协助下组建的。该团1200多名官兵中，不少是共产党员和进步青年。在中国共产党的推动和影响下，全团官兵士气高涨，抗战意志坚定。

12月25日早晨，教导团接到阻击日军命令后，在团长谢义带领下，立即从翁源南浦急行军，于当天傍晚赶到梅坑布防。正当他们连夜抢修工事时，从良口北上的日军先头部队也已到达，双方在梅坑大桥桥头遭遇交火，但因夜色已深，当晚没有发生激烈战斗。

26日早上7时许，随着日军主力陆续抵达，日军在飞机、大炮掩护下，开始对教导团阵地发起猛烈攻击。面对数倍于己的敌人，该团官兵同仇敌忾，以一当十，冒着敌人的狂轰滥炸奋勇还击，打退日军多次冲锋。战至中午，由于敌众我寡，教导团且战且退，撤至张田高墩坚守。为了拖住敌人，阻止日军长驱北上，全团官兵视死如归，轻伤不下火线，重伤仍然坚持战斗，不少官兵在阵地上流尽了最后一滴血。在他们顽强阻击下，把数千敌人牵制在梅坑，延缓了日军北上步伐。下午4时，在弹尽粮断的情况下，教导团奉命撤出战斗。这一仗，他们以一个团的兵力，激战9个多小时，抗击了日军一个师团的进攻，毙伤日军300多人，打出了中国军队的血性和士气。在战斗中，教导团伤亡500多人，其中130多名官兵壮烈殉国。

27日，在梅坑受阻的日军第十八师团，继续沿广韶公路北上。驻扎在回龙的国民党六十三军一五三师，在公路沿线袭扰日军的同时，还在蒲昌、许屋一带山头布下重兵，准备对北上日军进行伏击。

当天下午，日军先头部队进抵蒲昌时，在村口发生了悲壮的一幕：10多名自卫队员手举大刀，高呼口号，冲向进村的鬼子，遭到日军机枪疯狂扫射，当场就被打死7人。蒲昌村民的壮举，更加激发了一五三师官兵的战斗意志。在师长彭智芳指挥下，全师官兵加强备战，严阵以待，决心多杀日本鬼子，为死难同胞报仇。

28日中午，日军主力沿公路蜂拥而来，在蒲昌水口、旱葱口遭到一五三师迎头痛击。日军立即出动飞机、大炮，对一五三师前沿阵地狂轰滥炸，掩护步兵进行反扑。由于双方兵力相当，加上日军装备精良，伏击战变成了遭遇战。在这种情况下，为避敌锋芒，诱敌分兵，一五三师主动放弃水口一带阵地，向许屋方向转移，日军果然分兵追击。在上下窑，一股日军追兵陷入重围。双方短兵相接，激战1个多小时，这股日军大部被歼。另一股日军追至合水社山，也遭到重兵伏击，被打得人仰马翻，死伤大半。

29日，日军把进攻重点转向蒲昌东面的松岗、岽垠等高地，企图夺取制高点，但在一五三师顽强抵抗下，日军多次进攻均未得逞。

30日，日军孤注一掷，集中兵力对一五三师阵地展开全面进攻，战斗进入白热化。双方为争夺阵地，不惜代价，从早上战至黄昏，伤亡惨重。在日军疯狂的攻势下，一五三师东、西两翼阵地相继失守。就在战局危急之际，奉命增援的一五二师及时赶到，协同一五三师展开反击，迫使日军不得不放弃北上企图，连夜沿广韶公路南逃。

蒲昌伏击战，历时三昼夜，一五三师以阵亡300多名官兵的代价，击毙日军500多人，军马40余匹，是粤北会战击毙日军较多的一场战斗。

在抗击日军的战斗中，新丰各界民众纷纷行动起来，大力支援浴血奋战的抗日将士。教导团在梅坑阻击日军时，部分重伤员被转送到县城附近的大洞村，得到当地村民的精心救治和照料。在蒲昌伏击战中，村里大刀队和村民冒着枪林弹雨，为坚守阵地的官兵送水送饭，救护伤员；10多名村民英勇捐躯。此外，日军在行进途中，不时遭到公路沿线民众的冷枪袭击，疲于奔命。

第四节 县工委成立与"茶峻山事件"的应变

抗日战争进入相持阶段后，国民党顽固派不断制造反共摩擦，掀起反共逆流，加紧在国统区推行限共、防共和溶共政策。在这种情况下，为加强党在国统区的工作，中共广东省委根据中共中央指示，撤销中共东江特委，分别成立中共东江前方特别委员会（简称前东特委）和中共东江后方特别委员会（简称后东特委）。后东特委成立后，为加强新丰地区的工作，决定调时任中共连平县工委书记张福生接替被国民党逮捕的县工委书记周宝时，组建中共新丰县工作委员会。张福生到新丰后，以教师职业为掩护，积极开展工作。1941年5月，在张福生主持下，中共新丰县工作委员会正式成立，由张福生任书记，赵准生任组织部部长，郑选民任宣传部部长，龙景山任统战部部长。

县工委成立后，根据当时新丰党组织主要集中在东区（马头）一带活动，容易暴露的问题，决定加快在全县各区建立党的组织。为此，一方面，继续以东区为重点，在马头附近的福水、羌坑、石角、大席等村发展新党员，扩大党组织；另一方面，选派党员骨干分赴南区（锡场）、西区（沙田、遥田）、北区（黄礤、回龙）等地开展建立党组织的工作。经过一番努力，逐步在上述各区建立了党小组或党支部。至1942年，全县共建立党支部4个，党员从27人发展到58人。这样，除中区（县城、梅坑）外，其他各区都建立了党的组织，党的活动开始拓展到全县各地。

由于国民党坚持奉行消极抗日、积极反共政策，继1941年初发动"皖南事件"后，又在广东制造了"粤北事件"和"南委事件"，通过所谓"清党"，对抗战初期进入国民党军队从事政治工作，或在地方当局任职的中共党员进行清理，甚至逮捕关押，蓄意破坏国共合作、团结抗战的局面。正是在这样的背景下，1943年4月4日，由于连平茶峻山党支部书记谢国璟被捕叛变，新丰也发生了"茶峻山事件"，导致时任县特派员张国强等一批党员骨干被捕，使新丰党组织遭到严重破坏。

"茶峻山事件"发生后，后东特委十分重视，立即安排正在五华县从事革命活动的梁泗源为联络员回新丰主持应变工作。按照后东特委指示，梁泗源回到新丰后马上与赵准生、龙景山、郑大东等人取得联系，共商对策，采取应变措施。一是组织已暴露的党员迅速撤离新丰，或转移到东江纵队；二是安排尚未暴露的党员就地隐蔽或找正当职业掩护；三是想方设法组织力量营救被捕同志。在梁泗源组织安排下，已暴露的党员大都安全撤离或转移，未暴露的党员也及时隐蔽起来，只有原县工委组织部部长赵准生因未及时撤离而被捕。在这种情况下，梁泗源根据后东特委指示，为营救被捕的张国强、赵准生等同志，先后两次组织武装营救行动，但都未能成功。这样，在应变工作基本完成后，梁泗源也撤离新丰，转移到东江纵队，新丰党组织暂时停止了活动。

第五节 成立新丰人民抗日游击队

1944年夏，由于日军打通了粤汉铁路交通线，并占领了广东沿海地区，华南抗战形势日趋严峻。为做好独立自主坚持敌后抗战准备，中共广东省临委决定，在已停止活动的地区全面恢复党的组织和活动，并组建党领导的抗日武装，以坚持敌后抗战和争取华南抗战的胜利。根据省临委的决定，后东特委为恢复新丰党组织，并在新丰筹建抗日武装，开辟敌后根据地，决定任命梁泗源为新丰县特派员，回新丰主持党组织恢复重建和筹建抗日武装。梁泗源再次受命回到新丰后，按照"既积极又慎重"方针，首先开展党组织的恢复重建和党员发展工作。在全面了解党员在停止活动期间表现的基础上，通过办班学习，分期分批进行审查。凡是在停止活动期间革命立场坚定，没有变节行为的恢复其组织关系，并重建党的组织。同时，在恢复党组织活动的过程中，发现、培养和考察积极分子，吸收新党员，发展党组织。经过半年多努力，不仅已经停止活动的党组织陆续得到了恢复，原有党员也恢复了组织关系，而且在北区黄磜的梁坝、黄沙坑、三坑，回龙的秀溪、松山，中区梅坑的长坪，东区马头的石角、湾田、横岭，以及西区遥田的新长乡等建立了党支部或党小组，发展了一批新党员。至1945年6月，全县党支部从停止活动前4个增加到11个，党员从9人（停止活动期间多数党员撤离或转移到外地）发展到76人。

在恢复和发展党组织的同时，根据后东特委关于在新丰建立抗日游击根据地的部署，梁泗源开始在福水村筹建抗日武装。福水村离马头圩4千米，群众基础好，早在1939年秋就成立了党支部。在抗日救亡运动中，福水党支部通过成立"兄弟会""读书会""习武班"等，以学文化、练武艺为掩护，组织村中青年学习军事，开展军训，培养了一批武装骨干，为成立新丰抗日武装打下了一定基础。在筹建工作紧张进行的时候，1945年5月下旬，"茶峻山事件"时撤离新丰，已在东江纵队二大队任军事教官兼第一中队中队长的郑大东，受后东特委、东江纵队委派，回新丰参与组建抗日武装。接受任务后，郑大东与前来特委汇报工作的龙希化装成小商贩，日夜兼程赶回新丰福水老家，与梁泗源、赵准生（已于1945年3月越狱回到新丰）等人会合，就成立抗日武装的行动方案反复进行研究和部署。决定以福水"十二兄弟会"、军屯锄奸团、梁坝武装民兵为基础，争取马头抗日常备中队起义，成立新丰人民抗日游击队。经过周密准备和细致工作，6月5日，新丰人民抗日游击队在福水村宣告正式成立。由郑大东任队长，设3个排9个班，共有70多人。从此，新丰党组织拥有了自己掌握的武装力量，揭开了建立新丰抗日游击根据地的序幕。

游击队成立后，通过智取国民党军设在板岭下银珠岩的军需仓库，缴获了一批枪支、弹药及军用物资，既解决了游击队武器装备问题，又大长了队员和抗日群众的士气。就在游击队成立不久，一股日军企图到马头一带"扫荡"，游击队得到消息后，立即在鸭卵塘附近设伏。待日军进入伏击圈后，队员们马上猛烈开火，打得日军晕头转向、不知虚实，只得绕道往连平方向而去，使马头民众免遭日寇铁蹄践踏。这一仗打伤日军7人，也让游击队声威大震，很快发展到150多人。

配合东纵开辟抗日游击区

一、开辟抗日游击区

1945年初，东江纵队根据中共广东省临委关于打开广东抗战新局面，开辟敌后游击区的决定，分别组建北江支队、西北支队深入粤北敌后，开辟抗日游击区。其中由邬强率领的北江支队主要在紧邻新丰西部的英东、曲南地区活动。同年6月，为增强北江支队实力，加快开辟英东游击区，东纵又成立由何通率领的抗日先遣队，取道龙门、新丰，与刚成立的新丰人民抗日游击队会合，然后一起开赴英东地区。6月18日，何通率先遣队170多人抵达新丰，在马头军屯与新丰游击队会合。何通与郑大东在东纵时曾并肩战斗，一个是中队长、一个是小队长，此次战友相逢分外高兴，连夜共商行动计划。

两队会合后，为解决给养，补充军需，先后袭击了国民党顽固派军队的鲁古军械库和张田坑盐站，缴获了一批枪支弹药及银元，使部队军需给养得到了补充。但这两次行动也惊动了国民党当局。6月30日，新丰、连平、河源三县地方当局，联合出动教导团、政警队及保安队等1100多人，分三路"进剿"马头，企图一举消灭在新丰的人民抗日武装。

面对来势汹汹的敌人，新丰游击队与先遣队被迫反击。在何通、郑大东指挥下，两支队伍密切配合，协同作战，在福水一带占据有利地形，与三倍于己的敌人展开激烈战斗。在打退敌人多次冲锋后，为保存实力，游击队与先遣队相互掩护，主动撤出战斗，迅速向英东地区转移。在英东与北江支队会师后，新丰游击队经过短期整训，被编为东纵北江支队野火大队野马中队。由郑大东任副大队长兼中队长、王振声任中队指导员。此后，在支队统一指挥下，野马中队主要活动于新（丰）英（德）佛（冈）边区一带。不久，为了在新丰北部山区建立抗日游击根据地，北江支队决定派郑大东率野马中队返回新丰北区活动，在新（丰）翁（源）边区一带依托山高林密、地广人稀的有利条件，开辟敌后游击区，建立抗日根据地。

郑大东接受任务后，于7月24日率野马中队150多人从英德大镇返回新丰，当天晚上在青塘周屋学校宿营时，被国民党一五二师一个团包围。25日早上，敌人逐步缩小包围圈，向野马中队驻宿的学校发动进攻。在敌众我寡的情况下，郑大东沉着指挥部队应战，一方面安排兵力坚守掩护，另一方面组织部队分两路突围。战斗进行得十分激烈。担任掩护的10多名战士，在指导员王振声带领下，利用学校围墙、砖柱顽强坚守掩护部队突围。经过一番血战，郑大东终于带领部队突出重围，但王振声等10多名指战员已被敌人围困在学校里。此时王振声已大腿中弹，在突围无望的情况下，他抱着必死的决心，鼓励被困的同志战斗到最后一刻。在他指挥下，战士们又打退了敌人多次进攻，一直坚守到26日上午，敌人用炮火轰开了学校大门。但掩护突围的指战员宁死不屈，继续用刺刀、枪托、砖头与汹涌而来的敌人展开殊死搏斗，直至全部壮烈牺牲。此外，奉命从后东特委机关返回新丰工作的原县工委宣传部部长郑选民前两天途经青塘时，也不幸被国民党军队抓获。在监狱里，敌人对他软硬兼施，先是用高官厚禄劝降，郑选民不为所动；后又严刑逼供，郑选民守口如瓶；郑选民用敌人让他招供的纸笔，写下揭露国民党当局消极抗日、积极反共的万言书，表现了一个共产党员的铮铮铁骨。不久他就被敌人杀害在狱中。这样，除了掩护突围的17名指战员英勇捐躯，郑选民也壮烈牺牲。他们用鲜血和生命在新丰革命斗争史上写下悲壮的一页。

郑大东带领部队突出重围后，在英德桥头刚与兄弟大队会合，2 000多敌军又尾追而来，在兄弟部队和当地民兵配合支援下，再次投入突围战斗。经过一天激战，才在夜色掩护下成功突围，转移到附近山区。在短暂休整后，郑大东带领野马中队几经辗转，返回新丰北部山区，在梁坝、黄沙坑一带发动群众成立农会和民兵组织，实行"二五"减租，发展扩大部队。很快，野马中队就扩大到200多人，并改编为北江支队新丰大队，由郑大东任大队长，龙景山任政治委员。从此，新丰大队坚持在新（丰）翁（源）连（平）边区活动，在这一带建立了比较稳固的抗日游击根据地。

二、建立敌后根据地

几乎与此同时，北江支队在英东地区的抗日活动，早就引起了时任国民党新丰县遥田乡乡长赖景勋的关注和向往，多年来他对国民党消极抗战、积极反共的政策极为反感，对共产党的抗日主张、抗战精神十分赞赏。为实现其抗战抱负，他曾专程跑去英东找到支队长邬强，要求加入北江支队为抗战出力。由于当时对他的情况尚不够清楚，因此邬强支队长婉拒了他的请求，只是希望他今后为支持抗战多做工作。不过，赖景勋已给邬强留下了深刻印象。此后不久，北江支队独立一大队在大队长蓝田、政治委员涂夫带领下，来到遥田附近的新佛边区活动。为了发展和壮大抗日力量，立即派与赖景勋私交甚深的党员李爵前去联系。早就盼望加入抗日队伍的赖景勋当即表示，坚决跟着共产党抗战到底。随后，赖景勋毅然率领乡公所部分人员加入北江支队。在他的带动和影响下，遥田乡抗日形势发展很快。1945年7月，在邬强支队长指导下，新丰县第一个抗日民主政权——遥田乡抗日动员委员会成立，同时还建立了遥田抗日自卫大队，由赖景勋担任主任和大队长，中共党员李爵任副官。随着抗日民主政权成立，遥田乡各村纷纷成立农会，建立民兵组织，普遍实行减租减息，停租废债，民众抗战积极性空前高涨。遥田乡民众不仅节衣缩食，拥军支前，千方百计为部队筹措粮款，解决给养，而且积极参军参战，为打击日、伪军英勇战斗，流血牺牲。正是由于遥田人民的拥护和支持，遥田乡成为北江支队集结整训、坚持抗战的根据地，为新英佛边区的建立作出了重大贡献。

三、迎接东纵北上部队

随着抗日战争转入全面反攻阶段，1945年6月，中共中央决定由王震、王首道率八路军三五九旅长驱南下，拟在粤赣湘边开辟五岭根据地。为配合南下部队完成这一战略任务，东江军政委员会抽调东江纵队、珠江纵队部分主力，由林锵云（珠纵司令员）、王作尧（东纵副司令员）、杨康华（东纵政治部主任）组成挺进粤北前进指挥部，率领东纵第五支队，以及军政干校、鲁艺宣传队、民运工作队等1200多人，于8月15日，也就是日本宣布无条件投降那天从博罗出发，经龙门、从化、新丰、翁源向粤北五岭地区挺进。为迎接东纵北上部队，保障指挥机关安全，新丰党组织一方面派出向导在从化、新丰交界的连麻塘背村接应，带领北上部队经华溪、小正、长江、长坪，于8月19日顺利抵达黄沙坑村；另一方面派出武装民兵，配合北江支队武工队，在北上部队抵达黄沙坑前，解除了梁坝联防队武装，为北上部队在黄沙坑、梁坝驻宿休整清除了安全隐患。同时，筹集粮食3000多斤、生猪十多头，以及蔬菜、柴草等一批物资，保障了部队给养。东纵北上部队在黄沙坑驻营休整时，新丰党组织负责人梁泗源向部队领导汇报了新丰党组织成立以来坚持斗争，开展敌后抗战，建立游击根据地的情况，受到首长的肯定和赞扬。次日下午，为庆祝抗日战争胜利，北上部队在黄沙坑举行军民联欢会，鲁艺宣传队表演了精彩的文艺节目，人们沉浸在抗战胜利的喜悦中。20日傍晚，北上部队经过短暂休整后，继续向五岭地区进发。

从九一八事变到日本宣布无条件投降，中国人民经过浴血奋战，终于取得了抗日战争的伟大胜利。在这期间，新丰党组织在斗争中逐步成长，从1939年成立第一个党小组，到1945年抗战胜利，全县已建立党支部11个，党员从4人发展到70多人；成立人民抗日武装，配合东江纵队北江支队在新（丰）翁（源）英（德）佛（冈）边一带开辟了广阔的敌后游击区，建立了抗日根据地，为抗日战争胜利作出了重要贡献。同时，也为抗战胜利后坚持开展武装自卫斗争，推翻国民党在新丰的反动统治积蓄了力量，打下了基础。

4

第四章

坚持武装自卫斗争

抗战胜利后的斗争形势

日本宣布无条件投降后，历时14年的抗日战争胜利结束。迫于全国人民要求和平建国的呼声，蒋介石一方面以共商和平建国大计为幌子，邀请中共中央主席毛泽东赴重庆谈判；另一方面加紧调兵遣将，抢占地盘，准备内战，妄图独吞抗战胜利果实。

抗战胜利后的广东，国共两党的力量对比悬殊。国民党在经济上、政治上和军事上都占有很大优势。为了控制整个广东，把广东变为支撑全国内战的后方基地，国民党把大量兵力从江西、广西调入广东，围攻共产党领导的抗日根据地，企图在两三个月内消灭广东境内的人民武装，从而否认广东境内有中共领导的人民武装存在，为其在重庆谈判中增加筹码，巩固其在广东的独裁统治。作为东江抗日根据地的组成部分，以英东为中心的北江游击区局势也非常严峻。在日军投降前夕，国民党就调集三个师的兵力，分别驻扎在英东的鱼湾、横石水及翁源的龙仙、新江等地，采用所谓"梳篦战术""填空格战术"，对新英佛翁边抗日游击区实行重点"围剿"，所到之处烧杀抢掠，大肆搜捕北江支队和地方党组织人员，破坏乡村政权、农会和民兵组织，滥杀无辜群众。在国民党重兵围攻下，游击区军民虽然进行了坚决反击，但由于敌我力量过于悬殊，英东根据地还是大部分沦于敌手，部队伤亡也比较大。

面对严酷的斗争形势，游击区军民一度出现思想波动。有的指战员认为现在抗战胜利了，是该"解甲归田"了；有的甚至产生消极悲观情绪，对坚持斗争失去了信心。针对这种情况，邬强在英德鱼湾三山梅子坑召开支队干部会议，传达贯彻广东区党委关于"分散活动、坚持斗争"的指示，并通过开展整风学习，帮助大家认清形势，提高认识，增强斗争信心。在这个基础上，会议根据当时敌我力量态势，对部队活动区域、兵力部署作了划分和调整，决定把新翁连边区作为今后开展武装斗争的重点区域，充分利用这一带山高林密、地势险要、群众基础好的有利条件，建立游击根据地，为坚持长期斗争做好准备。

英德三山会议后，北江支队所属各大队、中队分赴指定区域，采取"分散、小股、隐蔽"的方针，与国民党军队展开针锋相对的斗争。其中，由支队政治处和独立一大队组成的武工队，与先期回到新丰的新丰大队会合，以黄磜黄沙坑、马头羌坑为中心，在新翁连边区一带开展活动，坚持斗争。为了粉碎国民党挑起内战的阴谋，在新丰党组织的支持配合下，一方面，通过编印《团结报》，散发《告新丰同胞书》，揭露国民党挑动内战，破坏和平，在游击区烧杀抢掠、残害百姓的罪行；宣传共产党和人民军队反对内战、争取和平的政策主张，号召社会各界和广大民众团结起来反对内战，制止内战。另一方面，对国民党反动派蚕食、"围剿"游击区的挑衅行为，按照"有理、有利、有节"的原则坚决进行还击，在新翁连边区发动群众打击反动势力，发展扩大部队，巩固游击区，为北江支队转移到新丰北部山区，建立游击根据地创造条件。

1946年初，北江支队陆续向新丰转移。1月，支队参谋长黎学勋率一个中队到新丰，与新丰大队在马头科罗会合。为加强新丰地区武装斗争领导，决定成立临时党组，由黎学勋任组长，统一指挥新丰武装斗争。2月，支队长邬强率支队部及部分主力200

多人，突破敌人重围，从英东转移到新丰北部山区，在黄沙坑召开支队干部和新丰党组织负责人会议。在这次会议上，邬强传达了国共两党在重庆和谈情况，分析了当前广东特别是粤北的斗争形势。他指出：国民党虽然在国内外压力下，被迫签订了"双十协定"，但其坚持反共、发动内战的本质不会改变，广东地区的斗争将会更加严峻复杂，对此必须保持清醒认识和高度警惕。特别是要抓住"双十协定"正式生效前的时机，加紧动员群众，扩大部队，开辟新区，建立根据地，为即将到来的更加艰苦、复杂的斗争打下基础，做好准备。会议经过研究，决定由支队统一领导和指挥新丰地区的武装斗争，坚持以黄沙坑、羌坑为中心，集中力量加快向新（丰）连（平）边区、新（丰）佛（冈）边区发展，恢复和巩固根据地，开辟和扩大游击区。

北江支队转移到新丰后，加快了新连边区、新佛边区武装斗争的发展。各地通过发动群众，恢复或建立农会、民兵组织，打击当地反动势力，惩办反动头目，不仅使抗战时建立的游击根据地大部得到恢复，而且扩大了游击区，开辟了新的根据地。与此同时，通过广泛宣传"双十协定"，大力揭露国民党坚持反共、挑动内战的阴谋，争取社会各界和人民群众对共产党和人民军队的同情，为坚持进行武装自卫斗争赢得了支持。

随着斗争发展，部队逐步扩大。为解决给养、补充军需，各边区部队经常派出小分队袭击国民党粮库、税站、军械库，或在公路沿线伏击国民党军队运输车辆，从敌人手里夺取粮食、军用物资等，并在锡场半江设立临时税站，组织税收。其中，连平曲塘坳伏击战，不仅俘虏敌军官兵70多人，缴获步枪67支、子弹5000多发，而且缴获国币600多万元，以及美元、港币、金银首饰和布匹、食品等物资一批，既解决了部队所需，又支援了仍在英东坚持斗争的部队。

第二节

东纵北撤与隐蔽骨干

抗战胜利后不久、为争取国内和平民主，中共中央主席毛泽东应蒋介石邀请，毅然飞赴重庆参加国共和谈。中国共产党本着停止内战、实现国内和平的愿望，在谈判中以人民利益为重，顾全大局，作出相应让步，于1945年10月10日，与国民党签订了《政府与中共代表会谈纪要》（即"双十协定"）。按照协定，中共同意让出南方8块根据地，并将这些根据地的人民武装撤往山东。其中东江根据地及东江纵队均在让出和北撤之列。

为了坚决执行"双十协定"，国共双方经过艰苦谈判，又于1946年1月10日签订停止军事冲突的协议（即停战协定）。按照停战协定，东江纵队应于6月底完成北撤山东。为做好部队北撤工作，5月26日，北江支队党委与新丰党组织负责人召开联席会议，研究部署部队北撤及今后工作。邬强在会上强调，各级干部必须克服抵触情绪，坚决拥护党中央决定，服从革命大局，既要做好部队北撤和复员人员疏散安置工作，又要做好隐蔽骨干，坚持长期斗争的准备。会议经过研究，确定了新丰北撤人员、复员疏散人员和隐蔽人员。其中新丰大队黄业诚等7人随部队北撤山东；赵准生、黄文敬等人转移到香港；梁泗源、龙景山、郑大东等7名党员干部及马头、黄礤、遥田等地武装骨干30多人留在新丰隐蔽，并留下一批枪支弹药隐藏在羌坑、黄沙坑等地，为将来恢复武装斗争做准备。会后，按照会议决定，各项工作有序进行。6月初，新丰大队北撤人员与北江支队北撤人员在黄沙坑集结后，在邬强率领下几经辗转抵达大鹏湾葵涌，随东纵主力撤往山东。复员、转移的130人，在新丰党组织安排下，及时得到妥善安置和疏散转移。留下隐蔽的武装骨干及枪支弹药，在当地群众掩护下，也安全地隐蔽起来。

东江纵队北撤后，国民党广东当局立即在省内各地成立所谓"戡乱建国委员会"，并在惠州、粤北设立"清剿指挥部"，调集重兵，对东江根据地及东江纵队活动过的地区，进行"清乡""围剿"，企图在短时间里肃清广东境内革命力量。"新丰县戡乱建国委员会"成立后，也四处张贴告示，限令东纵复员人员登记"自新"交枪，胁迫东纵战士家属交人、交款、交粮，还多次派兵会同当地反动武装，对马头羌坑、黄礤黄沙坑、遥田江下进行"清剿"，搜捕东纵留守人员，残害革命群众。

在国民党的白色恐怖下，为保存革命骨干，新丰党组织及部队留守人员暂时停止了活动，大部分在群众的掩护下转移到附近深山隐蔽起来。他们钻山洞、住茅棚，为防止被敌人搜山发现，白天不能生火做饭，晚上忍受蚊虫叮咬，虽有当地群众接济，但也经常饥一顿饱一顿，下大雨时，更是干一身湿一身，环境极其艰苦。然而，为了革命理想，他们意志坚定，毫不动摇，相互鼓励共渡难关，随时准备重新拿起武器投入战斗。

为了保护部队留下的骨干，以及隐蔽的枪支弹药，根据地群众在敌人"进剿""清乡"时，面对各种威逼利诱，始终不为所动，甚至不惜用鲜血和生命严守秘密，保护部队留守人员及枪支弹药。被国民党地方当局视为"共匪老巢"的黄沙坑村，在东纵北撤后，多次遭到国民党军队"清剿"。为了胁迫村民指认东纵复员人员，交出部队留下的枪支弹药，反动派甚至把全村青壮年抓到翁源周陂关押，并当场枪杀地下党员张海帮、村干部张罗佑等4人，威逼村民交人、交枪。面对反动派的屠刀，黄沙坑村民宁死不屈，无论敌人如何威胁利诱，全村始终无人指认、无人自首，更无人交出一枪一弹，为此，先后有10位村民惨遭敌人杀害。正是根据地群众的保护和支持，使新丰党组织和部队骨干能够安全地隐蔽下来，为新丰恢复武装斗争保存了骨干力量。

恢复武装斗争与县委成立

一、恢复武装斗争

1946年1月，国共双方虽然签订了停战协定，但是，蒋介石对停战毫无诚意，在停战令下达的同时，即密令其军队抢占战略要点，向解放区蚕食、进攻，并加紧进行更大规模的内战准备。6月，更是罔顾全国人民停止内战的愿望，公然撕毁停战协定，大举进攻中原解放区，挑起了全面内战。对蒋介石背信弃义的行径，7月20日，中共中央发出《以自卫战争粉碎蒋介石的进攻》的指示，号召解放区军民在党的领导下，团结起来，克服困难，联合一切可以联合的力量，以自卫战争粉碎国民党反动派的进攻，争取最后的胜利。

全面内战爆发后，国民党广东当局进一步加紧对东江纵队活动过的区域进行"清剿"，大肆搜捕地下党员、东纵隐蔽人员，疯狂迫害东纵复员人员及北撤人员家属，妄图彻底肃清广东地区的革命力量，支持蒋介石打内战。为粉碎国民党反动派的阴谋，根据中共中央指示精神，8月18日，广东区党委发言人通过香港《华商报》发表谈话，强烈谴责国民党广东当局追随蒋介石破坏停战协定，迫害东纵复员人员及北撤人员家属，残害无辜百姓的行径，号召各地留守隐蔽人员，在当地党组织领导下，重新拿起武器，开展自卫斗争。东纵北撤部队司令员曾生等，也在同一天的《华商报》上发表联名通电，对国民党迫害东纵复员人员表示强烈抗议，号召东纵复员人员和隐蔽人员迅速行动起来，坚决自卫，与国民党反动派展开针锋相对的斗争。

8月下旬，留在新丰的隐蔽人员从辗转传来的《华商报》上看到声明和通电，心情十分激动。龙景山立即在马头羌坑召开党组扩大会，组织大家认真学习广东区党委的声明和曾生等人的通电，使与会者深受鼓舞。大家认为，在国共内战已经全面爆发的情况下，我们再不能坐以待毙，必须停止隐蔽，恢复活动，重新拿起武器，开展自卫斗争。会议经过研究，决定将留下隐蔽的骨干组成武装小分队，在新（丰）连（平）河（源）边区、新英佛边区恢复武装斗争，并动员复员回乡人员逐步归队，为全面开展武装自卫斗争做好准备。

会后，在新丰各地隐蔽的武装骨干按照党组决定，迅速组成武装小分队，对所在地区的国民党反动势力进行反击。9月下旬，在新英佛边区活动的赖景勋分队接到情报，英东、佛冈迳头和新丰遥田三地联防队，正在密谋对迳头、遥田进行联合"清剿"行动。为粉碎敌人阴谋，赖景勋马上派人与英东、迳头地下党组织取得联系，建议采取联合行动，先发制人突袭遥田乡公所，粉碎敌人的阴谋。这一建议很快得到英东、迳头方面的同意，并派佛冈迳头党组织负责人朱继良率手枪队前来配合行动。这样，在赖景勋、朱继良指挥下，遥田分队和手枪队夜袭了遥田乡公所，经过激烈战斗，活捉了国民党遥田乡乡长兼自卫队队长潘英华等38人，缴获长短枪30多支，并处决了恶贯满盈、民愤极大的反动乡长潘英华。夜袭遥田乡公所，处决反动头目潘英华，在新英佛边区引起很大轰动，既震慑了反动势力，又鼓舞了人民群众。10月中旬，在新连河边区活动的龙景山、郑大东等人派出武工队，化装潜入隆街百叟圩，在当地民众配合下，一举抓获了新连河"剿匪办事处"主任、国民党连平县隆街区长兼百叟乡长欧阳平章，在向围观的赶圩群众宣布其罪状后，处决了这个横行乡里、鱼肉百姓、作恶多端的反动头子。不久，郑大东又带领武工队潜入新丰县城，张贴布告，散发传单，并处决了一名无恶不作的国民党军连长。新丰武装斗争的恢复，戳穿了国民党当局散布的"新丰已无红军，只有土匪"的谎言，使反动势力寝食难安，反动气焰有所收敛，有的地主为求自保，甚至给游击队交枪送款，暗中为游击队活动提供方便；边区人民也在黑暗中看到了光明，增强了跟着共产党闹革命的信心。

二、成立中共新丰县委员会

正当新丰武装斗争陆续恢复的时候，前往香港向广东区党委汇报工作的梁泗源，在参加区党委举办的恢复武装斗争学习班后，与前来新丰任特派员的章平一起于12月下旬回到新丰。随即召集龙景山、郑大东等部队党组人员开会，传达广东区党委关于全面恢复武装斗争的决定，并按照区党委指示，为统一和加强新丰地区武装斗争的领导，将地方党组织与部队党组合并，成立中共新丰县委员会，由梁泗源任书记，龙景山、章平、郑大东为委员。同时，决定组建江北（指东江北部地区，简称江北）人民自卫总队，总队不设党委，由县委直接领导，并将在新丰周边地区活动的武工队划归江北人民自卫总队。

为加强新丰与周边邻县的武装斗争，1947年初，广东区党委先后指派马达、曾东（曾启明）、李峰、袁可风到新丰协助工作。其中马达在2月中旬调离后，曾东任县委委员兼遥田赖景勋大队政治委员，李峰任县委委员，袁可风任新龙河边区特派员。其间，梁泗源以中共新丰县委书记、江北人民自卫总队负责人身份，再次赴香港汇报工作。广东区党委副书记黄松坚在听取新丰恢复武装斗争的情况汇报后，明确指示要进一步放开手脚，大张旗鼓地开展武装自卫斗争，一要抓好队伍发展，不断壮大人民武装；二要建立稳固的根据地，逐步扩大解放区，为争取最后胜利积蓄力量，打牢基础。

同年4月，根据中共中央香港分局指示，中共瀚江地区工作委员会（简称"瀚江地工委"）成立，由何俊才任书记，林名勋、黄桐华任常委，涂锡鹏、梁泗源为委员，统一领导翁源、英德、新丰、佛冈、曲江及江西虔南地区党组织和武装力量。同时，成立粤赣先遣支队，由黄桐华任支队长，何俊才任政治委员，林名勋任政治处主任，并明确中共新丰县委、江北人民自卫总队分属瀚江地工委、粤赣先遣支队领导与指挥。从此，在中共瀚江地工委直接领导下，中共新丰县委带领全县人民不断发展和壮大人民武装，建立和扩大解放区，为推翻国民党在新丰的反动统治，进行了英勇顽强的艰苦斗争。

第四节 江北人民自卫总队的组建

中共新丰县委成立后，根据广东区党委关于放手发动群众，发展壮大人民武装的指示，把组建江北人民自卫总队（简称江北总队）作为首要任务，并按照"统一领导，分区发展"的方针，研究确定了队伍组建发展、活动区域划分以及指挥机构和县委领导分工等问题。

按照县委决定，江北人民自卫总队的组建以东纵北撤时留下隐蔽的武装骨干为基础，动员复员回乡人员归队，首先搭起总队架子和成立直属的武装分队，在斗争中逐步扩大。为加强党对武装斗争的领导，由县委书记梁泗源兼任江北总队副总队长（未设总队长），章平负责政治工作，龙景山负责统战工作，郑大东负责军事工作。为扩大政治影响，振奋士气，鼓舞民心，1947年1月，在县内各地张贴布告，正式宣布江北人民自卫总队成立，公开亮出江北人民自卫总队旗号。与此同时，根据斗争需要，县委还分别成立了西北区委员会和东南区委员会。其中，西北区委员会负责领导新英佛翁边区工作，东南区委员会负责领导新（丰）连（平）河（源）龙（门）边区工作。

江北总队成立后，为提高部队军政素质，县委在锡场半江举办军政干部训练班，参训的有各级军政干部45人，通过组织他们学政治、学军事，帮助他们提高政治觉悟和军事指挥能力，为开展群众工作，发展扩大队伍，坚持武装自卫斗争打好基础。此外，还从地方抽调一批党员骨干充实部队，参加武装斗争，加强部队政治工作，并成立政治工作队，深入边区乡村宣传，动员群众配合部队开展武装斗争，发展部队，恢复和建立农会、民兵组织，扩大和巩固游击区。

江北总队成立时，正值新丰、连平一带发生严重春荒。这年春节过后，不少贫苦百姓缺粮断炊，靠挖野菜树根充饥，有的甚至背井离乡，流浪乞食。面对严重春荒，国民党地方当局不闻不问，反而加紧在农村征兵、征粮、征税，支持蒋介石打内战。根据广东区党委关于开展反"三征"斗争的指示，县委决定把恢复武装斗争、发展扩大部队与反"三征"结合起来。一是公开提出"反三征，度春荒"的口号，发动群众反抗"三征"，大搞破仓放粮，帮助农民度过春荒；二是在"反三征"斗争中，建立农会和民兵组织，扩大游击区，发展壮大部队。按照县委要求，江北总队成立多支武工队或武装小分队，分别深入边区农村，在放手发动群众反抗"三征"的同时，积极寻找时机，袭击国民党粮库或地主奸商粮仓，破仓分粮。仅2—4月间，各地武工队及武装小分队在邻县地方武装配合下，先后袭击攻占粮库、粮仓56座，开仓放粮120多万斤，并缴获长短枪270多支及弹药等军用物资一批。反"三征"斗争的开展，既救济了灾民，让边区群众度过了春荒，又打击了国民党乡村政权，扩大了江北总队的影响，让边区群众增强了跟着共产党闹革命的信心。随着反"三征"的深入，部队迅速发展扩大，至4月初，江北总队就在各个边区成立了7支武装分队。其中，尖山队60多人，飞豹队20多人，长江队30多人，北伐队20多人，群英队40多人，白云队70多人，玉龙队30多人，使江北总队从组建时的70多人发展到530多人，还有基干民兵230多人，成为一支威震新丰与邻县边区的人民武装。

6月中旬，县委在黄沙坑召开会议，总结恢复武装斗争以来的工作。会议认为，江北总队成立半年来，放手发动群众，主动对敌出击，在反"三征"斗争中，既沉重打击了国民党反动势力，又发展壮大了部队，为坚持武装自卫斗争积蓄了力量。今后，在继续打击敌人，发展自己的同时，要把建立根据地，扩大游击区作为工作重点，为推翻国民党在新丰的反动统治，实现全县解放打下坚实基础。会议还对总队领导分工作了调整，决定梁泗源负责新翁英边区，龙景山负责新（丰）从（化）佛（冈）边区，郑大东负责新连河边区，章平、李峰留在总队主持工作。

黄沙坑会议后，县委和总队领导分赴各个边区，坚持以武装斗争为中心，积极寻找战机，主动对敌出击。8月上旬，梁泗源接到地下交通员送来的一份情报：国民党新丰县县长罗联辉，在英德青塘参加三县"剿共"联防会议后将于近日经广韶公路返回新丰。梁泗源觉得这是伏击罗联辉的好机会，在征得粤赣先遣支队领导同意后，立即与龙景山、曾东商议伏击方案，决定抽调尖山队、征西队组成伏击分队，由龙景山、曾东带领，在广韶公路八里排一带设伏。八里排是新丰一处有名的险峻路段，公路从山腰通过，一边是难以攀爬的高山，一边是深不见底的山谷，是打伏击的好地方。12日凌晨，龙景山带领部队进入伏击阵地，为了不让敌人发现，指战员们在烈日暴晒下，忍饥耐渴埋伏了十多个小时，直至下午4时多，罗联辉才在敌军一个连的护卫下进入了伏击圈。经过半个多小时的激烈战斗，毙伤敌军37人，俘虏40多人，活捉了反动头子罗联辉，取得了恢复武装斗争以来第一次重大胜利。罗联辉是新丰城西人，毕业于黄埔军校，在国民党军队任过连、营、团长及少将高参等职，是个阴险凶残的反共老手。当初他在广州接到委任状时，尚未到任就派县民政科科长潘家杰等人找江北总队谈判，企图以金钱、地位诱使江北总队放下武器。上任没几天，又派县参议长李福初等人找到龙景山，封官许愿，软硬兼施。在遭到拒绝后，罗联辉带领国民党军队及反动武装1000多人，对马头、羌坑、梁坝、黄沙坑、遥田等游击区进行"扫荡"，烧杀抢掠无恶不作，残杀游击战士、农会干部和无辜群众30多人。这样一个反共头子被游击队活捉，在县内外引起极大轰动，国统区反动分子闻之色变，反革命气焰受到震慑；游击区军民奔走相告，拍手称快，不少青壮年更是受到鼓舞，纷纷要求参加游击队。

在打击敌人、发展自己的同时，在各个边区活动的武装分队积极扩大游击区，建立根据地。他们在当地党组织支持配合下，认真执行党的政策，依靠雇农、贫农和团结中农，恢复和建立农会和民兵组织，孤立打击反动地主恶霸，实行"二五"减租，帮助农民减轻负担，发展生产，改善生活，使边区群众更加心向共产党，拥护和支持革命。很快就在新连河龙边区一带建立了连片的东南游击区；在新翁英佛边区一带形成了连片的西北游击区；并以羌坑、半江、黄沙坑、江下为中心，建立了比较稳固的游击根据地，为江北总队集结整训，坚持开展武装自卫斗争提供了广阔空间和可靠后方。一次，新丰、翁源两县保安团联合出动700多人，企图偷袭驻在黄沙坑的县委和总队机关，在根据地军民坚决反击和掩护下，县委和总队机关得以安全转移，使敌人的阴谋未能得逞。

第五节 建立地下交通站

新丰位于东江流域与北江流域的分流处，也是粤东与粤北的交汇点。早在抗战期间，东江纵队就是通过新丰挺进粤北，在新英佛边区的英东、曲南一带开辟抗日游击区，并从那时起形成了一条从九连山经新丰至粤北的地下交通线，为东江纵队开展敌后抗战，建立粤北抗日游击区发挥了重要作用。

全面内战爆发后，随着武装斗争的恢复，特别是中共潖江地工委成立后，为了加强与九连山地委及粤赣湘边区党委的联系，决定重新启用这条地下交通线，并在新丰设立交通分站，作为沟通粤北与粤东联系的中枢。其主要任务是传递上级机关指示及机要文件，护送、接待过境新丰的党内干部、进步人士及有关人员，押送重要物资，收集传送敌方情报等。由于交通情报工作的特殊性、隐蔽性，为此，县委严格挑选革命立场坚定，工作刻苦耐劳，处事果断沉着、灵活细心的党员担任这项工作，并对他们进行业务培训，制订严格的地下工作纪律和制度，以确保地下交通站的安全。

为更好配合武装自卫斗争的开展，县委在确保翁源—新丰—九连山地下交通干线安全的同时，还在县内圩镇、公路沿线及敏感地带建立新的地下交通站或秘密联络点，为加强各个游击区之间的联系，保障县委和总队领导机关对各地武装分队的指挥联络，以及收集敌情，了解敌人动向，掌握对敌斗争主动权发挥重要作用。

　　马头圩位于新丰江中下游，水路便利，每天均有船只往来河源、惠州，是人流、物流繁忙的集散地。抗战期间，新丰党组织就在马头设立了地下交通站，成为沟通粤北粤东的重要联系点，为接待护送党组织来往人员，收集敌伪情报做了大量工作，在敌后抗战中发挥了重要作用。恢复武装斗争后，为加强马头的交通情报工作，县委又指派余涵养、周达三、余有连等人以合股做裁缝生意为掩护，在马头开办"恒合车衣社"，恢复了地下交通站，并在石角、湾田、横岭、榉林、立溪等地设立了秘密联络点。同时，江北总队也在驻地羌坑成立了交通站，加强了部队内部的交通情报工作。这样，在东南游击区形成了以马头为中心，连接区内各地的地下交通情报网，使敌人一举一动都逃不过共产党地下工作人员的眼睛，为多次战斗提供了准确情报。1947年冬，交通员周达三发现县政警队的人不时出入区公署，与自卫队头目密谋。周达三马上把这一情报上报总队。总队领导综合各方面情况，经过分析认为这是敌人在策划偷袭江北总队驻地，于是立刻安排总队机关迅速转移，使敌人的偷袭阴谋未能得逞。马头地下交通情报网的工作，不仅有力地配合了武装斗争的开展，而且掩护和接送了一批过境新丰的党的干部。

　　梅坑是新丰陆路交通重镇，沿广韶公路可南下广州，北往韶关，也是连接西北游击区的必经之地。抗战时，由于大量难民涌入，人员聚集，一度极为繁荣，被人称为"小广州"。内战爆发后，国民党经常在这里驻有重兵，乡公所也成立了一支自卫中队，是反动派重点控制的地区。随着武装斗争的发展，为加强东南游击区与西北游击区的联系，县委决定在梅坑设立地下交通站，并派党员吕仿文打入敌人内部，担任诸梅乡乡长，在梅坑圩以"同寿堂"药材店为掩护，设立交通情报站。江北总队也派出情报人员，分别在梅坑"粤华店""悦昌隆店"设立秘密联络点，加强对敌情报工作。随后，又以梅坑为中心，往南恢复了华眉堂、小正至从（化）龙（门）边区的地下交通线；往北重建了长江、长坪、黄沙坑至翁源黄垌的地下交通线。接着又在广韶公路沿线建立了上下河洞、金竹园、水口等多个秘密联络点，从而形成了连接县内两个游击区的地下交通网，为加强部队指挥联络，获取敌人情报发挥了重要作用。如地下交通员为总队领导提供了准确情报，总队及时派出部队在八里排设下埋伏，一举活捉反共老手、国民党新丰县县长罗联辉，取得了恢复武装斗争后第一次重大胜利。

从事地下交通工作的人员为了搜集和传送情报，周旋于敌我之间，在敌人眼皮底下机智应对，默默坚守，还经常爬山涉水，披星戴月，在各个游击区间奔走，有的甚至献出了生命。如金竹园村交通员朱永生在一次执行任务时，被敌人抓获，不管敌人如何威逼利诱，他宁死不屈，严守秘密，被敌人押至翁源残忍杀害。同村基干民兵朱亚乐在给游击队送信途中被捕，敌人用刺手指头、吊"反翼鸡"、灌辣椒水、坐电椅等酷刑对他逼供，但他始终不吐一个字，最终献出年轻的生命。正是这种为革命甘于奉献、勇于牺牲的精神，使地下交通线在新丰武装斗争中发挥了重要作用。

坚持开展反"清剿"斗争

一、克服困难，坚持斗争

恢复武装斗争以来，广东地区人民武装力量发展很快，沉重打击了国民党在广东的反动统治。蒋介石为巩固其战略后方，1947年9月特派宋子文坐镇广东，担任国民政府广州行辕主任兼广东省政府主席和广东省保安司令，妄图强化国民党在广东的统治。宋子文到任后，马上召开"清剿"会议，制订"清剿"计划，扩编地方武装，分区设立"清剿"指挥机构，加紧策划对广东人民武装的全面"清剿"；同时从粤、赣、湘三省调集1万多兵力，加上地方反动武装，从12月开始，对潖江、五岭、九连和东江以北地区的人民武装发动大规模"清剿"，企图在1948年4月15日前肃清粤赣湘边区的人民武装。

作为国民党军这次"清剿"的重点地区之一，新丰面临的斗争形势极其严峻。1948年初，国民党军一五二师一部纠合保安营、政警队1400多人，对新连边游击区大举进攻，企图围歼驻在昂湖塘和岑窖的江北总队指挥机关及粤赣湘边军事教导大队（该大队是由广东区党委于1947年12月从东江支队、北江支队抽调的120多名连、排干部组成，正在新丰集中培训）。当时，总队机关、教导大队和武工队共有400多人。面对三倍于己的敌人，指战员们沉着应战，坚决还击，在毙伤敌军30多人后，终于杀出重围，转移到新翁边区一带。由此，拉开了新丰地区反"清剿"斗争的序幕。

国民党反动派在这次"清剿"中，采用当年"围剿"中央苏区的做法，实行军事、政治、经济全面围攻的策略。一是调派重兵"进剿"，采取稳扎稳打、步步为营战术，修建碉堡炮楼，对游击区进行围困、蚕食；二是推行政治分化，通过成立"戡建会"，扩编联防队，实行并村并乡，"五家联保"，甚至利用宗族势力，挑动国统区与游击区民众对立，对游击区军民进行分化、策反，解散农会，伏击捕杀部队人员及农会干部、民兵骨干；三是实行经济封锁，禁止边区贸易，不准游击区民众去国统区赴圩赶集等。在敌人的军事"进剿"、政治分化和经济封锁下，游击区一度损失严重，反"清剿"斗争进入最艰难时期。

在严峻的形势面前，有的部队指战员产生了消极避战思想，对敌人的"清剿"不敢进行坚决斗争。针对这种情况，2月下旬，县委在马头雷公寨召开会议，学习贯彻中共中央香港分局关于当前开展反"清剿"斗争的指示，分析敌我双方态势，总结前段反"清剿"斗争的经验教训，决定按照香港分局"普遍发展、大胆进攻"的方针，以及翁江地工委"扩大部队，主动出击"的指示，克服消极避战思想，依靠根据地广大群众，同国民党反动派展开针锋相对的斗争。一是继续发展部队，壮大主力，寻找战机，主动出击，集中优势兵力，打击分散之敌，粉碎敌人对游击区的"进剿"、蚕食；二是继续发动群众，在游击区开展停租废债、抗丁抗粮，取消苛捐杂税和进行土改试点，把群众组织起来，恢复农会，发展民兵，扩大游击区，巩固根据地，不断壮大革命力量，夺取反"清剿"斗争的胜利。

二、燕子岩突围

江北总队传达贯彻县委会议精神后，在边区各地活动的武装分队纠正了消极避战思想，主动对敌出击，坚决同敌人的军事"进剿"展开英勇顽强的斗争。其中燕子岩突围，就是反"清剿"斗争中一个突出的战例。6月中旬，在新翁英边区一带活动的北伐队，在队长胡克铭带领下，一天傍晚转移到回龙塘村燕子岩山洞宿营，不料被驻在英德青塘的国民党保安团发现。敌人连夜派出一个营的兵力包围了塘村，企图将北伐队消灭在山洞里。第二天破晓时，在洞口站岗的哨兵发现山下村子里到处都是敌人，马上报告队领导。燕子岩是喀斯特地貌，山上没有林木遮掩，随着天色发亮，部队突围将遭受重大伤亡。队长胡克铭与指导员叶华商议后，决定坚守山洞，待天黑后再伺机突围。天色大亮后，敌人开始搜山，用刺刀逼迫几个村民带路进洞搜索。为保护群众，隐蔽在暗处的战士们没有开枪，直至村民走出洞口后，才向敌人开火，双方随即在洞口展开激烈战斗。幸亏燕子岩山洞很大很深，北伐队据险坚守，敌人不敢贸然进洞，只在远处朝洞口投弹射击，并不断喊话进行诱降。但每次喊话，战士们都用枪声予以回应，双方就这样对峙了一天。太阳快下山时，敌人怕天黑后游击队突围，不仅弄来数十张铁耙把洞口封堵，而且搬来大量柴草点燃后扔进洞里。所幸山洞宽大，敌人火攻烟熏的阴谋未能得逞，不过在天黑后突围也不可能了。在这种情况下，队长胡克铭马上召开干部会商量对策。大家经过分析认为，这种石灰岩溶洞，很可能会有其他洞口，或岩层比较薄弱松动的缝隙，只要用心寻找，也许能找到突围的出口。于是，除留下部分队员坚守洞口外，其他战士由叶华带领在洞内寻找出口。经过一番努力，虽未找到现成洞口，但发现了一处岩层比较松动的缝隙，大家用刺刀试挖，果然有进展。叶华马上将队员分成两班，轮番作业，一直挖到第二天下午，终于挖通了一个通往山背面的出口。这时，离天黑还有两个小时左右，敌人又在原来的洞口点燃柴草抛进洞里，还抬来风车朝山洞里鼓风灌烟。为了防止新挖的洞口冒烟被敌人发现，指战员们连忙找来毛毡、被单把洞口堵住。在刺鼻的浓烟中，大家用湿毛巾捂着鼻子、眼睛，坚持到天黑。待到夜色渐浓后，北伐队40多名指战员在夜幕掩护下，从新挖的洞口突围而去。

北伐队在燕子岩顽强坚守、机智突围的事迹，在江北总队传开后，广大指战员受到极大鼓舞。为粉碎国民党反动派的"清剿"，各武装分队积极寻找战机，主动对敌出击，在游击区群众的支援下，不断取得反"清剿"斗争胜利，很快扭转了反"清剿"初期的被动局面。与此同时，通过纠正游击区土改中一些"左"的做法，在依靠贫雇农的基础上，团结中农和可以争取的人，从而壮大了革命力量，使游击区不断扩大，根据地日益巩固，为新丰反"清剿"斗争从被动应战转入主动进攻创造了条件，接连取得了猫笼坳伏击战、杨梅潭活捉敌县长等战斗胜利，给国民党反动派以沉重打击。

三、主动出击粉碎"清剿"

1948年11月下旬，在新英佛边区坚持斗争的遥田大队，获悉国民党保安团一个连将于近期从沙田去遥田征粮，大队政治委员曾东觉得这是消灭保安连的好机会，马上派人与在新翁边区活动的西北队联系，要求西北队予以配合。西北队队长兼教导员陈持平在征得总队同意后，立即带领西北队连夜赶赴遥田。两队会合后，曾东、陈持平等经过分析，认为敌人经猫笼坳去遥田的可能性最大，遂决定在猫笼坳设下埋伏圈，力求把保安连全歼。猫笼坳位于沙田、遥田两个圩镇之间，是一条长约一里的山坑，东西两边均有山头紧锁坑口，因酷似猫笼而得名。这里沿山坑有一条小路，是当年沙田通往遥田最近的要道，且路两旁草深林密，有利于部队隐蔽埋伏，是打伏击的好地方。伏击方案确定后，西北队与遥田大队相互配合，连夜在猫笼坳两侧山头埋下伏兵。翌日时近中午，敌人果然沿着小路进入了伏击圈。随着指挥员一声令下，战士们的机枪、步枪一齐开火，手榴弹在敌群中爆炸，打得敌人死的死、伤的伤，溃不成军，四散逃命。敌连长见状，自知已中埋伏，逃命无望，连忙下令投降。这样，不到半个小时，猫笼坳伏击战就胜利结束，毙伤敌人20多名，俘虏敌官兵70多人，缴获长短枪80多支，全歼了敌保安连。猫笼坳伏击战的胜利，不仅使敌人的征粮计划成了泡影，而且震慑了新英佛边区的反动势力。就在伏击战不久，附近乌石冈联防队自行解散，一些反动地主、恶霸纷纷逃往外地，驻在遥田的敌联防队也连夜撤往英德白沙，遥田全境宣告解放，成为新丰第一个获得完全解放的乡镇。

　　几乎在同一时间，由于"剿共"不力，时任新丰县县长李泛舟被免职，国民党广东省政府又委任龙川人张汉良为新丰县县长。张汉良接到委任状后，心里也忐忑不安，他非常清楚新丰大部分地区已是共产党天下，游击队活动神出鬼没，此次去新丰上任来不得半点马虎。为了安全，他特意向省政府要了一个保安连护送，到从化吕田后，又在当地雇了100多名民伕随行，以壮声威。然而，让他始料不及的是，他从广州赴新丰就任的消息早已被在从新边区活动的东江第三支队三团获悉。团长丘松鹤、政治委员马达经过研究，决定把张汉良消灭在赴任途中，并通知在这一带活动的北一支一团武工队予以配合，在从化与新丰交界的杨梅潭布下伏击圈。11月22日，张汉良在保安连和民伕护卫下，沿广韶公路从吕田往新丰进发，中午时分进入伏击圈，当即遭到人民武装四面围歼。在枪声、手榴弹爆炸声中，被围困在公路上的敌人晕头转向，人仰马翻。眼看无路可逃，张汉良只得束手就擒，成为被游击队活捉的第三个国民党新丰县县长。这次历时20多分钟的伏击战，毙伤敌军20多人，俘虏敌官兵100多人，缴获轻机枪3挺、步枪60多支以及物资一批。张汉良被活捉，使新丰反动势力再次遭到重创，犹如丧家之犬，惶惶不可终日；不少地方联防队及地主、富农态度更是从敌视对抗变为中立观望，有的还主动向人民靠拢，交枪交粮支持游击队。

在历时半年多的反"清剿"斗争中，江北总队在县委领导下，依靠边区人民的大力支持，英勇作战，坚决反击，彻底粉碎了国民党反动派对游击区的"进剿"和"蚕食"，不仅巩固了根据地，扩大了游击区，而且扩编了部队，壮大了人民武装力量，为解放新丰全境打下了基础。

5

第五章
实现新丰全境解放

第一节 实行土改与半江整风

一、实行土地改革试点

1947年10月，中共中央颁布《中国土地法大纲》，开始在解放区实行土地改革。1948年初，中共中央香港分局在"二月指示信"中，要求华南游击区也实行土地改革，并提出"一切为着土改"的口号。随后，中共瀚江地工委也作出在瀚江游击区开展土改试点的决定。

1948年3月，中共新丰县委在马头板岭下召开会议，传达贯彻香港分局和瀚江地工委的指示，决定在进行反"清剿"斗争的同时，以张田坑村为土改试点，在取得经验后迅速在全县游击区铺开。会后，龙景山等带领武工队来到张田坑，通过宣传土改政策，串连发动群众，扩大农会和民兵组织，斗倒恶霸地主江庆春，并把没收的地主土地、粮食分给了贫雇农。历时半个月的张田坑土改试点结束后，县委接着在雷公寨召开会议，总结推广张田坑的土改经验，要求各个边区全面铺开土地改革。按照县委部署，江北总队所属分队纷纷成立武工队，在各个游击区发动群众，实行一手拿枪、一手分田。仅三个多月时间，就在县内和邻县边区40多个乡村实行了土改，有3万多贫苦农民分得了地主的土地、粮食和金钱、衣物等。土地改革的开展，对于扩大党的政治影响，动员广大群众和发展人民武装起到了一定作用。然而，由于当时游击区还处于国民党反动势力的分割包围之中，加上在土改中没有很好地贯彻执行党的政策，损害了部分中农、工商业者和开明人士的利益，把一些原来同情和支持革命的人推到了对立面。因此，在国民党军队"清剿"游击区时，不仅土改成果大都得而复失，而且给反"清剿"斗争增加了困难，造成游击区面积一度缩小了三分之一。

对于南方游击区过早实行土地改革的做法，中共中央多次发出指示，要求香港分局迅速纠正。1948年4月、6月，香港分局分别发出暂缓和停止土改的指示。7月15日，中共瀚江地委（1948年3月成立）也作出《关于改变土改、停租废债政策的决定》。根据中共中央及香港分局、瀚江地委的指示，7月下旬，县委在半江根据地召开扩大会议，认真总结土改的经验教训，决定在游击区停止土改，把停租废债、分田分粮政策改为继续实行反"三征"和减租减息政策，并对在土改中利益受到损害的中农、工商业者和开明人士给予赔偿。这一改变，争取了一切可能争取的人，重新赢得了各阶层人士的拥护和支持，从而扭转了反"清剿"斗争的被动局面，使游击区迅速得到恢复、扩大和巩固。

二、开展半江整风

新丰党组织建立以来，长期处于地下状态，党员大都分散活动，各据一方。在这种情况下，党内"山头主义""自由主义"倾向时有露头。工作取得成绩，常常沾沾自喜，居功自傲；遇到困难挫折，往往悲观失望，意志动摇；执行党的政策，各取所需，时"左"时右。在对敌斗争中，有的同志甚至阶级观点模糊，右倾思想严重，给革命事业造成损失。如1947年11月，江北总队有的领导被八里排伏击战的胜利冲昏头脑，盲目轻敌乐观，竟然让部队在沙田圩附近公开活动，鼓励战士们大白天背着枪上街"赴圩"显威风。在鸡嫲潭村宿营时，更是疏于对敌防范警戒，跑到一个罗姓地主家里"叙旧"借枪。把盏言欢中，轻信罗某已派人去邻村"取枪"的谎言，在地主家里聊到深夜。留下等枪的同志发觉情况异常回来报告后，部队领导仍然没有警惕之心，继续让部队在鸡嫲潭村宿营。结果，地主罗某派去"取枪"的人跑到县里报告，连夜带着保安团一个连及附近联防队200多人把村子包围了。第二天凌晨，哨兵才发现村子四周的山头已被敌人占据，部队陷入了重围之中。经过指战员奋勇冲杀，虽有50多人突出重围，但有23人壮烈牺牲，造成了新丰人民武装成立以来最大的一次伤亡。又如在游击区土改中，由于"左"倾冒进，急于求成，没有坚决执行党的团结中农，争取一切可能争取的人的政策，扩大了对立面，造成了反"清剿"斗争的被动等。为了纠正党内的错误思想，克服存在问题，迎接即将到来的革命胜利，县委扩大会议后，在粤赣湘边区临时党委成员黄松坚、梁威林指导下，县委决定用半个月时间，组织参会同志继续在半江集中开展整风学习。

这次整风，以毛泽东《在晋绥干部会议上的讲话》（简称《讲话》）为指导，通过学习《讲话》，要求参加整风的党员干部联系实际，对照《讲话》中指出的问题，开展"三查"（查阶级、查思想、查作风）"三整"（整顿组织、整顿思想、整顿作风）活动，以达到提高政治觉悟、端正思想路线和改进工作作风的目的。在深入进行对照检查的基础上，广泛开展批评与自我批评。大家本着对党、对同志高度负责的精神，联系斗争实际，对党内存在的不良作风和问题，进行了不留情面的揭露和批评。龙景山等同志还就自己的右倾麻痹思想给革命事业造成的损失作了深刻检讨，承担了责任。这是新丰党组织成立以来的第一次整风。通过学习文件，对照检查和开展批评与自我批评，不仅消除了同志之间多年来的成见和隔阂，增进了团结，而且使党员们进一步认清了形势，统一了思想，明确了方向，增强了信心，为实现新丰全境解放做了思想准备。

整风期间，县委领导班子做了调整，梁泗源任县委书记，章平任组织部部长，李峰任宣传部部长，龙景山任统战部部长，郑大东任军事部部长，曾东、袁可风为委员。同时，根据粤赣湘边区临时党委意见，为便于工作领导和部队指挥，决定将江北人民自卫总队机关分为东南区指挥所和西北区指挥所。其中，东南区指挥所由龙景山、郑大东为正、副主任，章平、李峰、袁可风为指挥部成员，以半江为中心，主要负责新连河龙四县边区；西北区指挥所由梁泗源、曾东为正、副主任，张雪斋、陈持平、孔刚、梁小良为指挥所成员，以梁坝、黄沙坑、遥田为中心，主要负责新（丰）从（化）英（德）佛（冈）翁（源）五县边区。整风结束时，梁威林作了《为解放全新丰而奋斗》的总结报告，使大家深受教育和鼓舞，进一步认识到加强党的思想、作风和组织建设，对于巩固根据地，扩大解放区，发展人民武装，夺取革命胜利的重要性。

县委扩大会议和半江整风后，纠正了党内错误思想，改进了工作作风，从而克服了一些多年来存在的问题，提高了党组织和部队的战斗力，加快了革命形势的发展。特别是通过纠正"左"倾的做法，在游击区停止土改，继续实行反"三征"和减租减息的政策，团结和争取了中间力量，扩大了统一战线，很快扭转了反"清剿"斗争的被动局面，接连取得半江保卫战、猫笼坳伏击战等重大胜利，使游击区迅速得到恢复、扩大和巩固。

半江整风后，县委在抓好党的思想作风建设的基础上，还加强了党的组织建设。一方面，在各武装分队建立党小组或党支部，把在斗争中立场坚定、作战勇敢的指战员吸收到党内；另一方面，在根据地村庄恢复或建立党组织，在农会和民兵积极分子中发展党员。至1949年初，全县党支部从1945年的11个增加到18个，党员从76人发展到271人，成为领导根据地军民坚持武装自卫斗争的核心和中坚力量。与此同时，根据香港分局关于做好党员干部培训工作的指示，从1948年秋起，采取多种形式，先后举办多期党员干部训练班、军政干部训练班和青年干部训练班，培训各级党员、干部270多人，为解放新丰、建立新社会做了组织准备。

巩固和扩大解放区

1946年冬，中共新丰县委成立后，在组建江北人民自卫总队时，就把恢复和扩大游击区、建立根据地作为开展武装自卫斗争的中心任务。一方面，县委带领游击区军民坚决自卫、主动出击，同国民党反动派展开针锋相对的斗争，不断粉碎敌人对游击区的"清剿"和蚕食，使游击区逐步得到恢复、巩固和扩大；另一方面，在游击区放手发动群众，开展反"三征"和除奸反霸，实行破仓赈灾、"二五"减租，帮助群众减轻负担、发展生产，恢复和健全农会、民兵组织，建立比较稳固的游击根据地。经过两年多的艰苦努力，不仅使一度遭到蚕食破坏的游击区得到恢复和扩大，而且建立了多处比较巩固的游击根据地，逐步形成了以羌坑、半江为根据地的东南解放区，及以黄沙坑、遥田为根据地的西北解放区。

东南解放区位于新丰东南部，与连平、河源、龙门等县相邻，包括新丰马头、锡场、大席、石角以及连平隆街、田源，河源立溪，龙门蓝田等区乡，是国民党统治相对薄弱的"四不管"地带，也是新丰党组织、新丰人民武装的诞生地和最早开展武装斗争的地区。早在抗战初期，党领导的广东青年抗日先锋队就在锡场、马头等地活动，组织开展了轰轰烈烈的抗日救亡运动，并在这里成立了新丰第一个党小组、第一个党支部和新丰人民抗日游击队，在福水、军屯、羌坑、板岭下、大席、石角、湾田、横岭、榉林一带建立了抗日游击区。抗战胜利后，随着东纵北撤，这一带游击区虽然遭到国民党反动派的疯狂"扫荡"，但由于党在这里活动多年，群众基础比较好，不仅游击区受到的破坏相对较轻，而且保存了部队北撤时留下隐蔽的革命骨干和枪支弹药，为恢复武装斗争保留了火种。随着中共新丰县委、江北人民自卫总队在羌坑成立和组建，这一带再次成为新丰革命斗争的中心地区。此后，在武装自卫斗争中，江北总队在县委领导下，依靠游击区人民群众的大力支持，粉碎了国民党反动派一次次"清剿"，使游击区不断巩固、扩大，逐步在东起半江、大席、立溪，西至隆街、潭石，南起锡场、蓝田、石角，北至羌坑、板岭下的广阔地域，形成了基本连成一片的东南解放区。在这片解放区里，羌坑、福水、军屯、石角、横岭、立溪、半江等村恢复或建立了党支部，成立了乡村人民政权或"白皮红心"的两面政权，恢复和健全了农会、民兵组织，形成比较稳固的游击根据地。在两年多的自卫斗争中，游击区广大群众心向共产党，支持游击队，为了保护地下党员和游击队家属，面对敌人的威逼利诱，严守秘密、机智应对；有的甚至冒着家破人亡的危险，为游击队传送情报，救护伤员；不少青年更是踊跃参加游击队，跟着共产党干革命。如福水村自1939年建立党支部，1945年新丰人民抗日游击队在这里成立以来，先后有100多名青壮年参加人民武装，有10多人在战斗中牺牲。作为县委和江北总队机关驻地的羌坑村，全村仅有600多人，就有30多人参加了游击队，40多人加入了民兵，120多人加入了农会，几乎所有青壮年都投身到革命斗争中。多年来，在村党支部领导下，村民们节衣缩食、舍生忘死，支持游击队，保护县委机关，为新丰武装自卫斗争开展作出了重大贡献。新丰抗日游击队刚成立时，村民们积极配合游击队智取银珠岩军械库，解决了武器装备问题；东纵北撤后，村民们冒着生命危险，保护了在村里隐蔽的革命骨干和枪支弹药；江北总队成立后，村民们千方百计帮助部队解决食宿问题，宁愿自己少吃一口，也把节省下来的粮食送到部队；许多村民还捐出家中木料，在大山里为部队搭建茅棚和简易医院，使指战员有了安身之所，伤病员能够得到及时救治。有一位70多岁的老人，甚至把家人炖给他的补品，悄悄端给重伤员喝。正是这种军民鱼水情，让县委和江北总队机关能够安全地驻扎在这里，领导和指挥全县武装自卫斗争。

西北解放区位于新丰西北部，与翁源、英德、佛冈等县交界，包括新丰黄礤、遥田、回龙，以及翁源陈村、礤下、庙墩，英德青塘、白沙，佛冈迳头等区乡。早在抗战初期，新丰党组织就在黄礤一带山区活动，先后在梁坝、黄沙坑、礤头等村建立了党支部，成立了农会和民兵组织，成为东纵北江支队挺进粤北，开辟敌后游击区的立足点。位于新丰西部的遥田乡，与英德白沙、佛冈迳头接壤，1945年北江支队在这一带开辟英东游击区时，遥田乡就成立了新丰县第一个抗日民主政权，成为北江支队在新英佛边区开展敌后抗战的根据地。东江纵队北撤后，黄礤、遥田成为国民党反动派重点"清剿"的区域。在国民党军队和地方反动武装的重兵"进剿"下，这一带游击区曾遭到较大损失。恢复武装斗争后，江北总队按照县委的部署，一方面，组织部队寻找战机，对国民党反动派的"清剿"进行坚决反击，尽量减少游击区群众的损失；另一方面，在游击区发动群众，除奸反霸，打击当地反动势力，把被解散、破坏的农会、民兵组织恢复起来，并在基础较好的村庄建立党组织。随着反"清剿"斗争从被动转向主动，西北游击区很快得到恢复巩固，并逐步发展扩大。其中，以遥田为根据地的西部游击区，在北江支队的主力支持下，不仅粉碎了国民党反动派多次"清剿"，而且在全乡各村恢复了农会和民兵组织，建立了村民主政权，成为新丰最早获得完全解放的地区，并迅速向周边地区扩展，在沙田、小正等区、乡开辟了新的游击区。以黄沙坑为根据地的北部游击区，由于党组织较早在这一带活动，群众基础比较好，加上山高林密，地广人稀，在反"清剿"斗争中，游击区基本上还掌握在人民武装手里，并逐步向回龙的合子、许屋、松山、新村、塘村、井塘，梅坑的长坪、长江、茶坑、禾溪、黄柏，沙田的金青、河洞等地扩展，建立了新的游击区。这样，到1948年底，在新丰西北部的遥田、黄礤、回龙一带及沙田、梅坑部分山区，基本形成了连成一片的西北解放区，与东南解放区相互呼应，国民党反动势力只能龟缩在县城附近及梅杭、沙田等圩镇里，处于人民武装的包围之中。

为加强对两个解放区的领导，更好地开展新丰与邻县周边地区的武装自卫斗争，1948年12月，中共粤赣湘边区委员会决定，撤销中共新丰县委，分别成立中共新连河龙边区县委员会和中共新（丰）翁（源）佛（冈）边区县委员会。其中，中共新连河龙边区县委员会由卓扬任书记，龙景山任副书记，李峰、郑大东、袁可风为委员，负责领导东南解放区工作；中共新翁佛边区县委员会由梁泗源任书记，刘少中任副书记，曾东任常委，陈涛、陈持平、张雪斋、官世爵、李适存、梁小良为委员，负责领导西北解放区工作。

建立区、乡人民政权与整编地方武装

一、建立区、乡人民政权

从1948年初起，中共新丰县委根据中共中央香港分局"二月指示信"精神，开始在游击区实行民主建政。然而，由于当时反"清剿"斗争形势还很严峻，因此只在半江、遥田等比较稳固的游击根据地建立了区、乡民主政权，大多数游击区还处在敌我双方争夺之中，尚不具备建政条件，或只建立了"白皮红心"的两面政权。

半江整风后，随着反"清剿"斗争不断取得胜利，解放区日益扩大巩固，民主建政条件逐步成熟。进入1949年后，在新成立的中共新连河龙边区县委员会、中共新翁佛边区县委员会领导下，民主建政工作不断加快。1949年5月，先后在新丰的西区（沙田、遥田）、北区（黄礤、回龙）、东区（马头、大席）、南区（锡场）、中区（梅坑、丰城），以及黄猄牙乡、大席乡、严层乡、诸梅乡、遥田乡、新长乡、礤头乡成立了区、乡人民政府；并在邻县的连南区（时属连平县）、龙北区（时属龙门县）、河北区（时属佛冈县）、翁南区（时属翁源县），以及水西乡、田源乡、沐河乡、南湖乡、桥头乡、大旺乡、龙利乡成立了区、乡人民政府。此外，还成立了新连河龙边区行政委员会。这些区、乡人民政权的建立，为进一步巩固根据地，扩大解放区，发展壮大人民武装发挥了重要作用。

1949年7月，为迎接即将到来的革命胜利，配合南下大军解放广东，中共粤赣湘边区委员会决定，撤销半年前成立的中共新连河龙边区县委员会和中共新翁佛边区县委员会，恢复中共新丰县委员会，由梁泗源任书记，龙景山、陈持平、张雪斋、梁小良为委员；并于8月15日宣告成立新丰县人民政府，由龙景山任县长，赵准生、郑大东任副县长。县委、县政府成立时，新丰县城虽然已于6月13日获得解放，但是，由于国民党反动派的疯狂反扑，县城于6月下旬再次被国民党军重兵占领。在这种情况下，县委、县政府在集中全力围困驻守县城的国民党军队，加快解放新丰全境的同时，继续推进民主建政工作，抓紧在新解放的锡场乡、立溪乡、治溪乡、榉林乡、沙坪乡、新南乡、秀溪乡、西长乡、东明乡、黄茶乡，以及邻县的大田乡、溪东乡、长沙乡、蓝田乡、陈礤乡、茶峻山乡成立人民政府。这样，随着9月14日新丰全境宣告解放，至9月底，新丰县所辖5个区、17个乡全部成立了人民政府，并在邻县的连南区、龙北区、河北区、翁南区及12个乡也建立了人民政权，为邻近各县解放作出了贡献。同年冬，随着邻县人民政府成立，上述4个区、12个乡始移交原属各县管辖。

二、整编地方武装

江北人民自卫总队自1947年1月成立以来，在县委领导下，依靠边区广大群众，在武装自卫斗争中克服困难，英勇作战，粉碎了国民党反动派一次次"清剿"，巩固了根据地，扩大了解放区，并在斗争中不断发展壮大。至1948年底，江北总队已拥有20支武装分队，1500多人。其中，东南区指挥所有6支分队，500多人；西北区指挥所有14支分队，900多人。江北总队成为一支威震新丰与邻县边区的人民武装力量。

1949年1月，为了加强对地方武装的统一指挥，配合即将南下的人民解放军解放广东，中共粤赣湘边区委员会决定，撤销江北人民自卫总队番号，把西北区指挥所及其所属分队整编为中国人民解放军粤赣湘边纵队北江第一支队第一团（简称"北一支一团"），由梁泗源任团长兼政治委员，陈涛任副团长，刘少中任副政治委员，曾东任政治部主任；把东南区指挥所及其所属分队整编为中国人民解放军粤赣湘边纵队东江第二支队第二团（简称"东二支二团"），由龙景山任团长，卓扬任政治委员，郑大东任副团长，李峰任政治部主任。

部队整编后，在边纵统一指挥下，通过集中休整，加强了军政训练和正规化建设，纠正了游击习气，提高了战斗力；在巩固扩大解放区的同时，集中兵力，投入到拔除反动据点、全面解放新丰的战斗中。北一支一团成立后，相继解放了回龙圩及新长乡、新南乡、沙坪乡，接着又清除了西区最后一个反动据点沙田区公署。至5月中旬，新丰西北部的遥田、沙田、回龙、黄礤、梅坑等地相继获得解放，并与东南解放区连成一片，新丰全境解放已是指日可待。

在革命即将取得胜利的形势下，为鼓舞广大军民乘胜前进，实现新丰全境解放，8月1日，北江第一支队在遥田隆重举行成立大会。这天，在新英佛翁边区战斗多年的北一支各团指战员，以及来自英德、佛冈、翁源和曲江南部游击根据地的群众代表，与当地群众一万多人欢聚在遥田江下村，热烈庆祝北江第一支队正式宣告成立。支队司令员兼政治委员何俊才在大会上致辞时，衷心感谢新丰人民，特别是遥田和黄沙坑人民在抗日战争和武装自卫斗争中，对北江支队（即北一支前身）的大力支持，并分别给遥田乡和黄沙坑村赠送"革命功高"锦旗一面，以表彰遥田和黄沙坑人民对革命作出的重要贡献。

第四节 解放新丰全境

一、两次解放新丰县城

1949年4月，人民解放军百万雄师渡过长江，一举占领国民党反动政府首都——南京，宣告了蒋家王朝的灭亡。随后，渡江部队以摧枯拉朽之势，乘胜追歼长江以南的国民党军队，华南解放指日可待。

此时，经过整编的新丰人民武装，已经解放了除县城以外的广大地区，时任国民党新丰县县长陈中瑞及其率领的保安营、联防队500多人，只能龟缩在县城负隅顽抗。

为加速新丰全境解放，更好配合南下大军解放广东，6月初，中共瀚江地委、北江第一支队司令部决定集中优势兵力，由支队政治委员邓楚白率领北一支主力四团、一团以及东二支二团，在近期内解放新丰县城。正在沙田休整的一、四团接到命令后，在邓楚白率领下立即挥师东进，于11日中午抵达距县城10多千米的梅坑。在这里，邓楚白召开战前会议，首先听取了联络员廖方明前段时间潜入县城开展策反工作的情况汇报。原来，为了减少攻城时部队伤亡和城里民众损失，何俊才司令员在6月初就派廖方明作为联络员，通过内线找到敌保安营营长陈德卿，并通过陈德卿与县长陈中瑞进行了接触，劝说他俩起义或放下武器投诚。但这两人由于心存幻想，既不答应，也不拒绝，仍在犹豫观望之中。根据这种情况，会议确定了以军事进攻为主、政治瓦解为辅的作战方案：一是加大军事压力，迅速形成对敌包围圈；二是继续开展对"二陈"的策反工作，争取其起义投诚。还按照这一方案研究制定了作战部署。

会后，各团马上向县城开进，但尚未到达指定位置，先头部队就在罗洞与出城催粮的保安营一个排遭遇，双方发生了交火。在先头部队追击下，敌人逃回了城里。随即各团迅速展开，四团抢占了县城西北面的制高点，使敌西门岭、北楼背等外围阵地处于四团火力威胁之下；一团控制了丰江南岸，堵死了敌人南逃之路；东二支二团在占领象岭一带山头后，打退了敌人企图向东逃窜的多次进攻，把其堵回了城里，从而完成了对县城的四面包围，把敌人围困在狭小的城区里。

新丰县城虽不大，但城区四周有历代修建的坚固城墙，县城外围的西门岭、北楼背一带山头有钢筋水泥修筑的碉堡，且有战壕与城内沟通，一旦战斗打响，可形成高低搭配、相互交叉的火力网，是个易守难攻的地方。"二陈"正是凭借这一点，一直抱着固守待援的侥幸心理，在四面楚歌时仍不放弃抵抗。

为了加大军事压力，打破敌人幻想，12日凌晨，担任主攻的四团开始向敌外围阵地发起进攻，铜铁连、飞虎连犹如两把尖刀，以强大火力对敌防御工事展开猛烈攻击，逼使敌人从堑壕里退守到碉堡里。同时，部队用迫击炮、枪榴弹对城内县府大院进行轰击，给"二陈"以震慑。在四团的攻击下，敌人外围阵地被逐一攻克，就连踞守西门岭、北楼背碉堡的敌军也在天黑后撤回了城里。随着包围圈的缩小，困守在城区的敌人成了"瓮中之鳖"。由于在限定的时间里敌人没有出城投降，13日凌晨，部队发起了总攻。在强大火力的打击下，陈中瑞不得不派陈德卿打着白旗出来投降，表示愿意放下武器，停止抵抗。这样，经过一天两夜的围攻，全歼守敌500多人，新丰县城获得第一次解放，陈中瑞也成为第四个被人民武装俘虏的国民党新丰县县长。13日黎明，在胜利的欢呼声中，新丰县军事管制委员会宣告成立。北一支司令部任命梁泗源为主任，刘少中、曾东为副主任。新丰县城解放不久，东二支二团又与兄弟部队一起，解放了连平县城，龙景山被任命为连平县军事管制委员会主任。

然而，盘踞在广州的国民党广东省主席薛岳不甘心失败，在新丰县城获得解放后，于6月下旬调派国民党军一四七师四四〇团进行反扑。为避敌锋芒，新丰县委、军管会率北一支一团主动撤出县城，在县城周边地区与敌周旋。由于此时新丰已经基本解放，县城已是一座孤城，在新丰军民围困打击下，敌军供给非常困难，不到半个月就弃城撤离。8月中旬，心有不甘的薛岳再次派出一个保安团重占新丰县城。新丰军民在县委、县政府领导下，继续采用围困、袭扰战术，让敌人供给困难，疲于奔命，加上人民解放军即将挥师南下，敌保安团不得不于9月14日弃城南逃。新丰县城终于再次回到人民手中。从此，新丰全境宣告解放。

6月13日新丰县城第一次获得解放后，时任新丰县县长陈中瑞被俘。为了填补这一空缺，维持国民党在新丰的统治，薛岳经多方物色，委任翁源周陂人许剑虹为新丰县县长。此人官迷心窍，利令智昏，在国民党反动派即将覆亡的时候，竟然接受任命，拼凑起一支200多人的反动武装，于8月初带领其委任的大小官员前来新丰上任。没料到刚进入新丰县境，就在茶峒、秋洞一带遭到地方武装和当地民兵的阻击。许剑虹侥幸逃回周陂后，仍不死心，公然在周陂区公所门口挂起"新丰县政府"的牌子，继续做他的白日梦。9月下旬，在这一带活动的北一支三团在北一支一团主力营的配合下，一举歼灭了许剑虹拼凑起来的反动武装，使其成为第五个被活捉的国民党新丰县县长。至此，新丰全境获得解放，国民党在新丰的反动统治宣告结束。

二、接管工作有序展开

9月14日，县委、县政府正式从农村迁入县城，开始执掌全县政权。为做好接管工作，稳定社会秩序，县政府进城后随即设立秘书室、民政科、公安局、财粮科、文教科、农林科、建设科、卫生科等行政机关，成立县人民法院、县人民武装部及税务、金融机构，按照党在新解放区的方针政策，全面接管新丰的政治、经济和社会事务。一是接管国民党政府的行政机关，解除反动武装，建立基层民主政权和农会、民兵组织，摧毁国民党统治的社会基础。二是没收国民党遗留下来的银行、邮电、税务、粮食等官僚资本，建立国营经济，使其在党和政府领导下，为国民经济恢复和发展服务。三是保护私营工商业，一方面，帮助其恢复生产，搞好经营，为群众的生产生活服务；另一方面，打击非法工商户囤积居奇、哄抬物价等投机行为，平抑物价，稳定人心。四是发布治安管理通告，打击反动残余势力的破坏活动，开展禁毒禁赌，建立社会新秩序。五是组织迎军支前，筹集粮草、修桥补路，支援南下大军解放广东。这些政策、措施的颁布和实施，使刚刚获得解放的新丰社会安定、人心稳定。广大人民群众满怀翻身解放的喜悦，拥护共产党，迎接新社会。

10月1日，县委、县政府在县城大操场隆重举行盛大集会，热烈庆祝中华人民共和国成立，庆祝新丰全境的胜利解放。在庆祝大会上，县委书记梁泗源、县长龙景山分别讲话，号召全县人民在党的领导下，加强政权建设，巩固人民民主专政；积极恢复生产，努力发展经济；做好迎军支前工作，确保南下大军顺利过境，为解放全广东，建设新中国而奋斗。

第五节 组织迎军支前

1949年9月，人民解放军即将挥师南下解放广东。根据中共中央华南分局指示，中共新丰县委、新丰县人民政府立即成立迎军支前指挥部，由梁泗源、龙景山分任正、副总指挥，并于9月19日发出紧急通知，要求各区、乡成立支前委员会，由党政主要负责人挂帅，发动群众修路架桥，筹集粮草，迎接南下大军过境新丰，解放广东。

刚刚获得解放的新丰人民，为支援南下大军解放广东，迎军支前热情非常高涨。在各级政府领导下，迅速掀起迎军支前热潮。从9月下旬至10月中旬，全县每天出动两三万人投入修路、筹粮工作，无论是公路沿线的村庄，还是边远偏僻的山寨，到处是迎军支前的火热景象。从同龙来石至梅坑华眉堂的广韶公路新丰段，全长60多千米，是南下大军解放广州的必经之路。该路段弯多坡陡，路面狭窄，抗战时又遭日军多次轰炸，不少桥梁、路段被毁坏，已经多年无法正常通车。为让大军顺利南下进军广州，公路沿线群众自带干粮、工具，每天起早摸黑参加公路抢修。经过10多天的奋战，修复了大部分被毁坏的桥梁、路段，使境内广韶公路达到了战时通车的要求。马头军屯等地群众还在丰江河上架设木桥，方便部队过河行军。为保障大军过境时的供给，全县人民宁愿自己节衣缩食，也要把家中粮食捐献出来，边远山村群众更是打着火把星夜送粮；不少人家还把自家的猪、牛、禽、蛋以及花生、黄豆、粉丝、油料等食品送到支前站。妇女和儿童也自动组织起来，在村口路旁设立茶水站，把村中学校、祠堂、空屋打扫干净，让大军过境时住宿、休息。经过各界群众的努力，不到半个月，全县就筹集大米80多万斤，肉类及各类食品23万多斤，以及大批柴禾、草料等，保障数万大军过境新丰的粮草供应。

从10月6日起，南下大军分两路过境新丰。一路沿广韶公路直取广州，一路经黄礤、县城进入龙门。大军所经之处，锣鼓喧天，彩旗飘扬，沿途百姓奉茶送水，慰问子弟兵。广大民兵、青年更是积极响应支前指挥部号召，踊跃报名参加随军支前。指挥部特派出一个基干民兵营和8000多名民工，组成担架队、运输队随军南下。在支前路上，新丰民兵和广大民工不怕苦，不怕累，为部队做向导，挑运物资，参加战场救护，有时还配合部队作战，追歼敌人，为支援南下大军解放广州作出了贡献。

10月17日，中共中央华南分局第一书记叶剑英、第三书记方方，率领分局总部沿广韶公路经新丰南下广州，在梅坑作短暂停留。当天中午，叶剑英在入住的旅店接见了新丰县县长龙景山和郑大东等人。在听取龙景山的工作汇报后，叶剑英对新丰党组织坚持开展武装斗争，先后俘获5名国民党县长，解放新丰、连平两座县城和新丰全境给予高度赞扬，对新丰人民全力做好拥军支前工作感到十分满意，并对当前工作作了重要指示，勉励大家在革命胜利后，千万不要脱离群众，要戒骄戒躁，艰苦朴素，保持战争年代那样的斗志和干劲，同广大群众一起改造旧社会，建设新中国。次日上午，叶剑英一行驱车前往广州，途经石门水时，因桥梁尚未修复，水深流急，小汽车无法通过。修桥民兵不畏艰难，同心协力将小汽车一辆辆抬到对岸，让叶剑英等分局领导顺利抵达广州。

新丰人民的迎军支前工作，为南下大军解放广州作出了重大贡献。为感谢新丰人民的大力支援，过境新丰的中国人民解放军第四野战军第四十一军、四十三军分别授予新丰县锦旗一面，并赠送了一批枪支、弹药。

从1939年4月新丰党组织成立，到1949年9月新丰全境解放，新丰人民在中国共产党领导下，为争取民族独立和人民解放，进行了长达10年的艰苦斗争，其中，新丰人民武装先后作战120多次，歼敌2050余人，缴获机枪、步枪2800多支；270多名指战员英勇牺牲，终于用鲜血和生命赢得了胜利，夺取了政权，推翻了国民党在新丰的反动统治，迎来了人民当家做主的新时代。

6

第六章
老区的建设发展

第一节 基础设施建设

一、大力兴修水利

素称"九山半水半分田"的新丰县，耕地多为山坑田、高排田。中华人民共和国成立前，由于水利设施落后，这些农田大部分是"久晴易受旱、大雨常受涝"的"望天田"，农业生产基本靠天吃饭。

中华人民共和国成立初期，在县委、县政府号召下，获得翻身解放的广大农民积极行动起来建山塘、筑陂头、修水渠，促进了新丰农业生产的恢复和发展。农业合作化为有计划、有组织地开展农田水利建设创造了条件。各地农业生产合作社按照县的规划，掀起了大搞农田水利建设的热潮，先后修建了大陂、张田坑、樟大坑、塘村、白水磜、石燕岩等一批小型水库，以及担杆岭、赤石径、黄陂、大岭、双龙等引水工程，并对一批年久失修的陂头、水圳进行了维持加固和疏浚清淤，使全县农田灌溉条件得到较大改善，为农业合作化时期粮食连年丰收提供了保障。1957年，为支援国家建设新丰江水库，新丰县经济最好的锡场区被划归河源县。新丰还接收安置部分库区移民，为建成华南地区最大水库作出了贡献。

"农业学大寨"运动兴起后，县委以"治山治水"为重点，在全县组织开展大规模的农田水利基本建设。广大干部群众发扬大寨精神，大干苦干，相继新建了潭公洞、遥田、回龙、马背、程洞、博引、牛斜、秋洞等10余座小型水库，以及一批山塘、水圳，并采取开"三沟"（防洪沟、排灌沟、排泉沟）等措施，对山坑低产田排灌系统进行全面改造。在大搞农田水利基本建设中，抗战老区马头公社大陂大队、板岭下大队更是突出典型。为了改变"十年九旱"的面貌，1966年冬，大陂大队党支部决定在鲁古河上筑坝引水。在当时的条件下，一个只有300多名劳力的生产大队，要在水流湍急的鲁古河建拦河拱坝，既要解决资金、技术方面的困难，又要克服建坝材料运输的难题。由于尚未通公路，建坝所需的钢材、水泥及沙子等，全靠人力从10多千米远的地方运来。在党员干部的带动下，社员们白天挖坝基、干农活，晚上搞运输，硬是靠人挑肩扛把4000多吨建坝材料运到工地，并在水利技术人员指导下，克服建坝施工的一个个难题。经过4年多的艰苦奋战，大陂大队终于在鲁古河上建成县内第一座拦河拱坝，使650多亩农田实现了自流灌溉。板岭下大队也是滴水如油的重旱区，大队党支部在1965年冬就以林县红旗渠为榜样，成立以青年民兵为骨干的修渠突击队，在既缺资金又无机械的条件下，发扬自力更生、艰苦奋斗精神，自带干粮、工具，打响了修渠引水的战斗。从此，队员们食宿在山头，不畏艰险，用铁锤、钢钎和炸药，在悬崖上凿岩炸石，在陡坡上劈山修渠，一干就是10个春秋。1974年，他们终于克服重重困难，在崇山峻岭之间修建起一条长达18.7千米的引水渠，将远隔重山的羌坑河水引进村里，改变了板岭下千百年来的苦旱面貌。这条引水渠被誉为"新丰红旗渠"。大陂大队拦河引水，板岭下大队劈山修渠的壮举，极大地鼓舞了全县干部群众的斗志，使全县水利建设取得了重大进展。在"农业学大寨"期间，全县建成小（一）型水库9座，小（二）型水库15座，以及大批山塘、引水工程，改善灌溉面积1.4多万亩，新增稳产高产农田4万多亩，基本消灭了"望天田"，初步实现了旱涝保收。

改革开放后，县委、县政府以实现初级水利化为目标，通过开展"一查二划"（水资源调查，水利化规划及河流规划），逐年加大水利建设投入，重点是对建成和在建水利工程进行改造、配套和挖潜，并从1992年起全面推进初级水利化建设。一是对灌溉面积200亩以上的水陂、灌渠进行维修加固，硬化防渗，确保工程效益。二是对所有水库进行除险加固，消除安全隐患，确保库区人民生命财产安全。至1995年，全县排险加固水库、山塘45座，改造加固水陂89宗，硬化防渗灌渠28条，提高灌溉效益22870亩，实现了初级水利化达标。此后，为进一步增强防洪抗灾能力，提高水电开发效益，通过多方筹资，继续大力推进水利建设。一是新建了一批调节水库。经过多年开发，虽然全县建成多座装机3000千瓦以上的骨干水电站，但由于没有调节水库，每年枯水期发电达不到额定功率。为充分发挥这些电站的效益，先后投入6701万元，新建了鲁古河、司茅坪、岩头、三合洞、大小转等5座集雨面积、蓄水量较大的调节水库，新增库容3041万立方米，既为多座骨干水电站实现枯水期正常发电提供了保障，又减轻了库区下游的洪涝灾害。其中集雨面积76.33平方千米，蓄水库容1099万立方米的鲁古河水库，更是高峡出平湖，成为新丰首座中型水库，除新增发电能力8000千瓦外，还为鲁古河国家湿地公园的建立奠定了基础。二是整治了县城丰江河段。县城位于梅坑河、朱洞河、双良河汇合处，过去因有岸无堤，河道狭窄，汛期常受洪涝灾害。20世纪90年代末，先后投入8430多万元，对县城丰江河道开展综合整治。至2005年，修筑沿江防洪堤23千米，排洪涵5千米以及建设拦河调节水闸等，既使县城防洪能力提高到50年一遇标准，又让穿城而过的丰江河碧波荡漾，为县城增添了江景秀色。三是改建了马头福水陂。福水陂是新丰江干流最大的拦河水陂，灌溉面积1086亩。该陂原为木石结构，每年汛期常被洪水冲毁，年年需要花费大量人力、物力进行维修，灌区群众吃尽了苦头。1996年，通过筹资2150万元，把福水陂改建为混凝土重力闸坝，使灌区群众不再年年为修陂发愁。四是继续实施小型水库除险加固工程。从2002年起，先后投入2400多万元，对20座病险小型水库进行除险加固，进一步提高了库区度汛抗灾能力。五是积极实施农村饮水安全工程。通过"民办公助"，投入专项资金3000万元，实施农村饮水解困工程16宗，农村饮水安全工程90宗，使9.2万农村居民解决了饮水困难或饮水安全问题。

党的十八大后，随着生态建设的推进，县委、县政府按照省的统一部署，从2015年起，对境内15条中小河流实行综合治理。其中纳入省规划的有新丰江、遥田水、沙田河、回龙河、周陂水、龙仙河等6条中小河流。至2018年，共投入资金4.56亿元，完成治理河长286.4千米，新修护岸185.7千米，新建河堤15.5千米，疏浚清淤河道269.7千米，约占规划治理工程量80%。中小河流的治理，既提升了防洪减灾能力，遏制了水土流失，又修复了沿河两岸生态，改善了农村人居环境。在全面治理中小河流的同时，还着力补强水利基础设施"短板"：一是积极实施小型灌区改造，投入专项资金7200万元，对17个小型灌区水利设施进行全面改造，改善农田灌溉面积5.83万亩，进一步提高了旱涝保收能力。二是继续推进农村饮水安全工程，先后投入3500万元，新建农村自来水工程23宗，受益人口9.82万人，使农村自来水普及率达到92.5%。三是优化水资源配置，统筹推进城乡供水项目建设。在完善马头自来水厂建设和扩网的基础上，投资1.56亿元，启动县城第三自来水厂建设，从鲁古河引水到县城，日供水能力将达4.5万立方米。届时，县城及附近居民将饮上更加优质安全的

新丰县革命老区发展史

自来水。

二、实施能源开发

新丰县山高林密,河溪众多,水电资源丰富,蕴藏量达14.9万千瓦。然而,在中华人民共和国成立前,新丰的水电资源一直得不到开发,城乡居民全靠煤油灯、竹柴、松脂点火照明,直至1951年10月,通过改装汽车柴油机,在县城办起一间16千瓦的小型火电厂,新丰才结束了没有电的历史。

随着农业合作化的实现,1958年6月,附城区黄陂乡高级农业合作社建成全县第一座小型水电站,从此拉开了新丰水电开发的序幕。此后,在公社化运动中,马头、梅坑、黄礤、回龙、沙田、遥田等公社,以及路下、福水、龙潭等大队相继办起一批小水电站,使小水电建设逐步在全县铺开。1971年,县委通过总结推广沙田公社土法上马、土洋结合,大力发展小水电的经验,在全县掀起了大办小水电热潮。通过实行县社联办、社队联办或社队自办等形式,自力更生,土洋并举,克服资金、设备和技术等方面困难,加快了小水电的发展。至1976年,全县建成小水电站244座,装机4700千瓦,其中包括白水礤、赤石径、八一等多座装机360千瓦以上的水电站,基本解决了当时全县工业生产和社队农副产品加工的用电需要,并有六成以上农户实现了用电照明。新丰大办小水电的成果和经验,曾被中央和省、市媒体多次宣传报道,在省内颇有名气。

粉碎“四人帮”后,在“大干快上”的形势下,为解决地方工业加快发展的用电需要,1976年冬,县委决定在马头羌坑兴建装机9000千瓦的向阳水电站。这是一座引水式高水头水力发电站,整个工程需要建设2座拦河坝,劈山修筑8000米引水渠,打通2个总长253米的穿山隧洞,架设676米的压力管,土石工程量

098

达76.4万立方米，其中六成以上是石方，是新丰有史以来最大的建设项目。工程总投资需780多万元。当时，全县每年地方财政收入不足200万元，资金缺口非常大。在这种情况下，县委决心举全县之力推进电站建设。一方面，大力压缩各项开支，集中财力投入电站建设；另一方面，抓住划归广州管辖的有利时机，积极争取市的支持。同时，从农村抽调1600多名青年民兵，自带口粮、工具等，参加电站建设大会战，并组织县直机关、单位干部职工，由县领导带队轮流到工地参加施工。在电站建设过程中，广大青年民兵和工程技术人员发扬大庆人吃大苦、耐大劳的创业精神，不计报酬，夜以继日，在缺乏施工机械的条件下，用铁锤钢钎劈山修水渠，凿岩打隧洞；靠人挑肩扛修筑拦河坝，架设压力管。经过3年多艰苦奋战，1979年8月，向阳水电站终于建成投产。加上同期建设的光明、会前、前进等水电站相继竣工发电，至1979年底，全县水电装机容量达到1.46万千瓦，不仅满足了当时全县工农业生产用电需要，而且还有富余电力输入国家电网，为后来被确定为全国农村初级电气化试点县奠定了基础。

1983年，新丰被国务院正式列为全国首批100个农村初级电气化试点县。为确保农村初级电气化实现，从1984年起，县委把加快水电开发作为治穷致富、振兴山区经济的重要举措，明确提出实行县办和集体个人办两条脚走路的方针，按照谁投资谁得益的原则，鼓励和支持集体和个人集资办电，力争奋战3年，基本实现农村初级电气化的目标。按照县委的决策和部署，全县掀起大办小水电的热潮。到1987年，相继建成石门水、司茅坪、高桥、蕉园等县办、社办骨干水电站，以及一批个体小水电站，新增装机容量1.5万多千瓦，使全县水电装机容量增至3万多千瓦，农村用电覆盖率达到96%。1988年经省验收合格，新丰成为全国首批农村初级电气化达标县。小水电的快速发展，不仅保障了全县经济社会发展的电力需求，而且成为地方财政及集体、个人增收的重要来源，从而使各级办电和群众办电积极性持续高涨。在实现农村初级电气化后，新丰继续把水电开发作为基础设施建设的重点，采取合资联营、股份合作等形式，引进外资和吸纳社会资金参与一批骨干水电站建设，并继续鼓励个人办电，使水电开发进一步加快。至2010年，随着金马、大席、大小转、鲁古河等一批骨干水电站建成发电，加上个人兴建的一大批小水电站竣工投产，全县共建成各类水电站280多座（其中早期建设的小微电站已陆续淘汰），装机容量从1987年的3万多千瓦增至13万千瓦，占全县可开发水电蕴藏量的93%，年发电量达到4亿千瓦时，成为新丰经济的支柱产业。

随着水电资源的开发，电网建设不断加快。20世纪80年代初期，为了把富余电力输入国家电网，新丰开始实施县内电力联网工程，在县城和沙田下河洞建成110千伏、35千伏变电站各1座，架设多条35千伏输电线路，初步建成了连接本县骨干水电站，并与国家电网联通的县内电网。此后，随着水电建设快速发展，输电线路不断延伸，电网规模逐年扩大。至2012年，全县建成220千伏变电站1座、110千伏变电站4座、35千伏变电站10座；架设35千伏输电线路21条231.6千米、10千伏输电线路74条1195千米，实现了全县水电站联网，为电力调度和电网安全运行提供了保障。与此同时，为改变农村电网线路残旧、电压不稳、架设不规范、安全隐患多的状况，从1999年起，分期分批对农村电网进行升级改造。至2012年，全县更新低压输电线路704.8千米，更换变压器295台，使农村电网日趋规范，线损率大幅下降，供电质量显著提高。为消灭供电死角，实现农村用电全覆盖，县委、县政府结合农网改造，把供电线路向尚未通电的偏僻山村延伸，其中不少是抗日战争时期老区村庄，使全县自然村通电率达到100%，让老区人民共享发展成果。

党的十八大以来，县委、县政府认真贯彻绿色发展理念，在继续完善电网建设，新增输变电设施，扩大配变电容量，提高供电质量，打造安全、可靠、绿色、高效智能电网的同时，充分利用本县山高、风大、林木丰富的自然资源优势，通过引进外来投资，积极实施新能源开发，新建了一批新能源项目。其中，华润风电（新丰）有限公司投资兴建的24台风力发电机组，2017年起陆续建成投产，总装机容量4.68万千瓦；由韶能集团投资兴建的马头生物质发电厂，总装机容量6万千瓦，第一期工程二台机组已于2017年竣工投产，第二期工程正在加紧建设。此外，光伏发电也方兴未艾，发展迅速，使新丰清洁能源产业不断壮大。

三、加快交通建设

位于群山之中的新丰县，境内峰峦叠嶂，山重水复，自古以来交通闭塞，道路崎岖。中华人民共和国成立前，仅有经梅坑、回龙过境的广韶公路，以及县城连接梅坑的公路，人员往来和物资运输极为困难，严重制约经济社会发展。

1949年9月新丰解放时，由于多年战乱，境内公路损毁严重，不少路段未能正常通车。为迎接南下大军入粤，县委、县政府动员沿线民众抢修公路，使广韶公路新丰段恢复正常通车，保障了南下大军顺利过境。此后，为改善交通条件，发展经济，县委、县政府坚持把公路建设摆在重要位置。当时，全县6个区中有4个没有通公路，为改变这种状况，实现区区通公路，从1952年起，县政府开始有计划地组织公路建设。其中，1953年建成县城至马头公路，1959年建成通往沙田、遥田的公路；通往黄磜的公路由于沿线多为悬崖峭壁，工程艰巨，直至1965年才竣工通车。这样，历经10多年建设，原来没有通公路的4个区（公社）

终于有了公路，通了汽车，全县交通闭塞状况得到初步改善。

20世纪70年代，为进一步改善交通条件，县委以新建出县公路和改建干线公路桥梁为重点，以青年民兵为骨干，动员县、社、队力量，在全县组织开展路桥建设大会战，先后建成新（丰）翁（源）公路、石（角）蓝（龙门蓝田）公路、下（沙田下埔）太（英德太平）公路，方便了与翁源、龙门、英德、连平等邻县的交通往来。并把沙江、军屯、黄陂、沙田等干线公路桥全部由木桥改建为钢筋混凝土桥，提高了安全通车能力。与此同时，通过实行民办公助，各社队陆续新建了一批乡村公路，其中主要有回龙至长安公路、黄礤至梁坝公路、军屯至张田坑公路、长江至长坪公路、马头至大席公路等。至1978年，全县公路通车里程达到323千米，比1949年增长4倍多，绝大多数生产大队通了公路。

改革开放后，随着国道105线建成通车，新丰境内有了第一条标准的二级沥青路。然而，县内公路几乎全是沙土路，且大多路面狭窄、弯多坡陡，不少险峻路段更是被外地司机视为畏途。加上国道105线通车后，车流量大量增加，经常发生堵车现象，许多前来新丰考察投资环境的外地商人往往望而却步，交通不便仍然制约着新丰经济发展。面对这种情况，为改善投资环境，加快新丰经济发展，1990年4月，县委、县政府作出《关于加快新丰公路建设的决定》，并成立由县委书记、县长挂帅的公路建设指挥部。这次大搞公路建设重点是：（1）新建县城至龙门二级公路；（2）对省道347线进行升级改造；（3）扩建国道105线新丰段为一级路；（4）全面实施县道"四改二"和"村村通"工程，逐步实现县道、村道硬底化。为实现这一规划，县委、县政府多方筹措资金，通过争取省、市支持，积极引进外部资金，组织镇村、单位集资和发动干部职工捐资等，筹集资金2.3亿元，使公路建设顺利推进。经过多年努力,先后完成了三大出县公路干线的新建、改(扩)建工程。其中,1995年建成新龙二级公路,它北起国道105线,南接金龙大道和惠深高速,成为新丰至深圳最便捷的交通干线,比绕道广州至深圳缩短行车里程100多千米。1997年完成国道105线马头至县城路段一级路扩建,2003年完成国道105线徐坑段复线改建,使境内46千米国道实现双向4车道通行,从县城往广州仅需2小时左右。2001年完成省道347线新丰路段改造,它南接国道105线,北接国道106线和京珠高速,使县城至韶关缩短行车时间1个小时。与此同时,通过实施"四改二"和"村村通"工程,至1999年,县城至各乡镇公路全部从四级路升级为二级路,沙土路面改造为水泥混凝土路面;2007年,通往141个行政村公路全面实现硬底化;新建、改建乡村公路500多千米,其中军屯至大席公路建成通车,结束了县城通往大席绕道连平通行的历史,并使300人以上自然村也实现了公路硬底化。至此,全县公路密度从1992年每百平方千米31千米提高到69.88千米,初步建成了以国道、省道为骨架,县道为干线,村道为支线的公路交通网,为促进新丰经济社会发展发挥了重要作用。此外,为解决边远老区行路难问题,2005年后又全面启动了老区村道硬化改造工程,至2012年,铺筑村道混凝土路面243.5千米,使全县200人以上的老区自然村基本实现了村道硬底化。

党的十八大后,随着扶贫攻坚的推进、新农村建设的开展,乡村道路建设继续不断完善。在许多村庄里,村道不仅铺到村民家门口,而且实现了绿化、美化、亮化,成为乡村一道亮丽的风景线,让村民们也能享受到漫步林荫道的舒适生活。更令人向往的是,随着过境新丰的大广高速、武深高速和韶新高速的修建,新丰也迎来了高速时代。其中,大广高速、武深高速已于2015、2018年全线通车,使新丰融入广州一个半小时和深圳两小时经济生活圈；正在施工的韶新高速建成通车后，新丰将融入韶关一个半小时经济生活圈。届时，3条高速公路贯穿新丰全境，辐射大多数乡镇，为新丰建成韶关"融珠先行区"创造了优越条件。尤其值得期待的是，途经新丰的赣粤高铁，延伸至新丰的广从轻轨快线，以及雪山通用机场也在论证规划中。可以预见，一个对接珠三角更为快捷的立体交通网，将为新丰人民带来更加美好的生活。

一、发展特色农业

（一）因地制宜，发展山区特色农业

新丰素称"九山半水半分田"，是一个典型的山地多、耕地少的山区农业县。千百年来，由于小农经济思想的束缚，新丰农村一直处于"山下几粒谷，山上几根木"的自然经济状态，农业生产单一，农民收入微薄。1949年新丰解放时，全县农业产值仅为1157万元，广大农民生活极为贫困。

中华人民共和国成立后，土地改革和农业合作化的完成，调动了广大农民生产积极性，通过兴修水利、改良土壤和推广良种，农业生产得到较快发展，农民生活逐步改善。然而，由于"大跃进"和"文化大革命"的影响，在党内"左"倾思想影响下，农业生产长期片面强调"以粮为纲"，严重制约了农村经济发展。1978年，全县农业产值虽然达到3118万元，但农村社员人均分配收入不足70元，人均口粮分配只有412斤。在这样的经济状况下，不少社队"吃粮靠返销，生产靠贷款，生活靠救济"，大多数农民尚未解决温饱问题。

党的十一届三中全会后，通过落实家庭联产承包责任制，极大地激发了广大农民生产积极性，全县农业生产终于打破长期

徘徊局面，困扰农民多年的温饱问题基本得到解决。但是，由于长期以来"以粮唯一"生产方式的制约，农民尚未摆脱小农经济观念的束缚，农村经济仍然单一，农民收入增长缓慢。在这种情况下，县委通过总结石角公社桐木山大队利用山坡荒地大办"四小园"（小果园、小林园、小茶园、小药园），促进农民增收的经验，在1983年10月作出《关于大力发展经济林，建设林业商品基地，使农民尽快富裕起来的决定》，并在桐木山大队召开现场会，大力推广他们发展山地经济的经验。在县委、县政府的引导推动下，全县农村掀起了大办"四小园"、发展山地经济的热潮，从而打破了新丰农村长期以来"以粮唯一"的生产方式，逐步形成了"一种二养三加工"的经济格局，不仅增加了农民收入，而且开启了新丰农村从自然经济向市场经济的转变。

大办"四小园"，虽然可增加农民收入，但这种"小而杂"的生产方式，难以形成产业规模，也不利于打造有新丰特色的"拳头产品"。为谋求新丰农村经济的新突破，县委从抗日战争时期老区黄礤镇大力推广种植反季节蔬菜使农民实现增收的成功经验，找到了突破的方向。1993年1月，县委、县政府作出《关于加快发展"三高"农业的决定》，要求各乡镇进一步解放思想，积极调整农村产业结构，充分利用山地河滩多、水质好、无污染、昼夜温差大等独特条件，以推广反季节蔬菜为重点，建设蔬菜、竹子、水果种植基地和畜牧水产养殖基地，大力发展有新丰特色的高产、高质、高效农业，以形成生产规模，提高经济效益。按照县委、县政府的决策部署，各乡镇因地制宜，长短结合，大力调整产业结构，发动群众加快"三高"农业发展，并通过建立和完善各级农技服务体系和农产品购销流通体系，为建设农村产业基地，发展"三高"农业服务。经过多年发展，至20世纪末，全县相继建成一批农业商品生产基地，"三高"农业初具

规模。其中，蔬菜种植面积16万亩（含复种），水果种植面积
14.93万亩，竹子种植面积24.5万亩，生猪饲养量15.96万头，均
比1993年有大幅度增长。蔬菜种植产业的发展尤其迅猛，成为20
世纪90年代农村支柱产业和农民增收主要来源。不少农产品成为
畅销港澳和珠三角的"拳头产品"。黄礤镇佛手瓜更是被命名为
国家地理标志保护产品，黄礤镇成为全省佛手瓜主产区和省级标
准化生产示范基地。随着"三高"农业发展，2000年全县实现农
业产值32757万元，比1978年增长10倍多；农民人均年收入3603
元，比1978年增加3533元，增长50多倍。

（二）择优发展，打造三大主导产业

进入21世纪后，特别是党的十八大以来，根据市场变化，
县委适时调整"三高"农业发展方向，积极实施品牌战略，引导
农民扬长避短，择优发展，大力打造本地特色主导产业；并采取
"公司+基地+农户"模式，通过引进外来投资、组织土地流转、
培育农业龙头企业和农民专业合作社，带动广大农民参与产业发
展，逐步形成"东菜、西果、北茶"三大主导产业布局。即县城
东中部的马头、梅坑、丰城等镇（街）依托国道105线、大广高
速的交通便利，以发展有机蔬菜为主导产业；西部的沙田、遥
田、回龙等镇，丘陵坡地多，土壤肥沃，以发展优质水果为主导
产业；北部的黄礤镇地处高寒山区，生态优良独特，以发展优质
高山茶为主导产业。随着三大主导产业的发展，促进了新丰农业
从个体分散式生产向集约企业化经营的转变，开启了新丰农业发
展新局面。一是培育了一批新型农业经营主体，全县已拥有农业
企业（农林牧渔）121家，其中省级农业龙头企业1家、市级农业
龙头企业7家、县级农业龙头企业10家；成立农民专业合作社326
家，其中国家级示范社2家、省级示范社8家、市级示范社12家、

县级示范社28家；家庭农场40家，其中市级示范农场3家、县级示范农场4家。二是打造了一批特色农业产品，其中全国名特优新产品1个、省"十大名牌"系统产品2个、省名牌产品9个、省名特优新产品9个、无公害农产品9个、绿色产品认证7个以及省"菜篮子"基地3个。三是促进了农业经营模式的创新，通过实施"农业+旅游""互联网+现代农业"，推动了第一、二、三产业的融合发展。特色农产品通过电商平台走向市场的经营模式，促进了现代农业发展。四是培育了一批爱农业、懂技术、善经营的新型职业农民，为现代农业发展增添了活力。在大力发展主导产业同时，各镇、村还因地制宜、扬长避短，打造本地特色产业。遥田镇长安村在引种凉粉草成功后，带动周边村民种植凉粉草12000多亩，形成了规模效益；新丰江沿岸的丰城、马头等镇（街），利用河滩众多、水质优良的条件，大力发展珍稀水产养殖业；地处偏僻山区的村民，依托高山草场，积极发展山地养羊业，也取得了良好的经济效益。

在特色农业发展过程中，抗日战争时期老区黄磜镇一直走在全县前列。20世纪80年代以来，黄磜镇依托高山气候、生态优势，从推广种植反季节蔬菜起步，经过不断摸索，择优发展，相继打造了秋洞佛手瓜、茶峒高山茶、营盘樱花、梅溪美少女西瓜等多个特色品牌，成为"全国一村一品示范村镇"。其中，秋洞佛手瓜被确认为国家地理标志保护产品；茶峒仙堂山红茶、"三叶粒"乌龙茶多次在省名优茶叶质量评比中获金奖、特等金奖，在全国名优茶叶质量评比中获一等奖，被誉为广东茶叶珍品。党的十八大后，黄磜镇进一步围绕"做大做强主导产业，培育壮大特色产业"发展思路，以建设高山现代农业示范镇、全域旅游示范区为目标，大力推进高山农林业与生态旅游业融合发展。一是加快岭南红叶世界建设和高山花卉业发展，打造新的高山农林业特色景区；二是完善镇内景区之间道路建设，将全镇各具特色景区串连起来，形成生态旅游环线；三是积极推进"互联网小镇"建设，通过实施"互联网+"，建成镇级电商运营中心和13个村级电商服务站，并与顺丰、申通、圆通等快递公司合作，实现"网货下乡"和"土产进城"，为现代农业发展插上了翅膀，继续成为新丰现代农业的领跑者。

随着特色农业的发展，在三大主导产业带动下，新丰农业产业化水平逐步提升，产业规模不断扩大，既增强了县域经济实力，又夯实了农民增收基础。据统计，2018年全县实现农业增加值11.32亿元，比2000年增长283%；农村（居民）人均可支配收入14065元，比2000年增长3.9倍，总体上达到了小康水平。

二、推进工业兴县

（一）自力更生，发展地方工业

在中华人民共和国成立前，新丰基本没有近代工业，全县只有一些砖瓦窑、石灰窑、打铁铺、榨油坊、铸锅厂等家庭式手工作坊，工业产值仅10万元，工业基础极为薄弱。

中华人民共和国成立初期，为尽快恢复和发展国民经济，从1950年起，县委、县政府开始着手建立地方工业。在既无资金，又无设备、技术的条件下，自力更生、白手起家，陆续办起发电厂、印刷厂、松香厂等国营企业，并在雪山、南山、茶峒等地办起小钨矿，组织矿产开采，使新丰有了第一批国营工矿企业。第一个五年计划期间，随着手工业和私营工商业社会主义改造的完成，又先后办起酒厂、铁器厂、机缝社、鞋业社等一批公私合营企业，以及林业森工、交通运输等产业，使全县1957年工业产值达到499万元，比1949年增长了近50倍。

1958年，受党内急于求成思想的影响，县委、县政府为尽快改变新丰工业落后状况，实现工业"大跃进"，通过"一平二调"，从农村抽调三分之一青壮劳力大办工业。一方面，办起县钢铁厂，大建小高炉，组织全民大炼钢铁；另一方面，上马通用机械厂、马头水泥厂、农械厂、长江碗厂、藤竹木制品厂、小煤矿等一批工矿企业，在全县掀起了大办工业的热潮，使1959年工业产值达到1145万元。然而，由于这些厂矿几乎都是土法上马，全靠人海战术和拼资源办起来的，普遍存在管理落后、技术水平低、生产成本高、产品质量差等问题。1960年起这些企业大都难以为继，出现滑坡。这种不顾客观条件大办工业的做法，导致全县国民经济比例严重失调，不仅使工业生产陷入困境，而且是造成三年经济困难的重要原因之一。1961年实行国民经济调整时，县委认真贯彻执行中央提出的"调整、巩固、充实、提高"方针，一方面，大力压缩工业和基本建设规模，通过"关、停、并、转"砍掉一批资源短缺、技术水平低、生产效益差的厂矿企业，精减大批企业职工，充实农业生产第一线；另一方面，对工业结构进行调整，在巩固、提高保留企业，大力恢复手工业生产的同时，新办了日用陶瓷厂、棉织厂等企业，加快轻工业发展，缓解了当时日用工业品供应紧缺的局面。经过调整，地方工业逐步走出困境，得到恢复和发展。1965年全县工业产值达到550万元，比"大跃进"前的1957年增长10.2%。

"文化大革命"初期，由于极左思潮的冲击，新丰工业发展几乎停顿。1970年后，在"工业学大庆"运动推动下，县委在组织工业战线创建大庆式企业同时，根据全国计划会议关于大力发展"五小"（小钢铁、小化肥、小机械、小水泥、小煤窑）工业，建立为农业服务的小而全工业体系的精神，从新丰实际出发，制定了"五小"工业发展规划。在资金、设备、技术极为困难情况下，发扬大庆人"有条件上，没有条件创造条件也要上"的创业精神，组织工业建设"会战"，依托新丰县资源，相继新建了水泥厂、造纸厂、木器厂、氮肥厂、建材厂、食品厂、汽车修配厂和向阳水电站等一批骨干企业；并对铸造厂、农机厂、松香厂、棉织厂、瓷厂等老企业进行技术改造、设备更新，从而扩大了工业规模，提高了生产能力，初步建成比较完整的工业体系。1978年实现工业产值1871万元，比1965年增长240%。但是，由于基础差、底子薄，工业落后状况尚未改变，工业产值仅占当年工农业总产值三分之一。

（二）招商引资，实施工业兴县

改革开放后，通过认真分析新丰经济现状，县委深刻认识到，必须解放思想，实行对外开放，对内搞活，以最大决心和力度，加快工业发展步伐，才能从根本上改变新丰经济落后状况，从而形成了"工业兴县"指导思想。从1984年起，县委、县政府大力实施"两水一矿"（即大办水电、水泥和开采铁矿、煤矿）发展战略。通过多方筹资、集中力量，新建了石门水、司茅坪等一批骨干水电站，以及扩建县水泥厂和兴办大席铁矿、张田坑煤矿等，并立足县内电力充足、林木资源丰富的优势，新建了铁合金厂、刨花板厂、耐磨合金材料厂等一批骨干企业。与此同时，积极实行外引内联，通过制定一系列优惠政策，吸引和鼓励外商和港澳台商投资办厂，开展横向经济联合等，先后办起人造花厂、实业制造厂、永丰染织厂、万丰水泥厂等一批"三来一补"企业和内地与香港合资企业，以及珠江啤酒分装厂，交通水泥一、二厂等内联企业，使全县工业产能迅速扩大。2000年实现工业产值3.39亿元，比1978年增长18倍，首次超过了农业产值，初步确立了工业在全县国民经济中的主导地位。

进入21世纪后，县委进一步确立了"工业兴县"发展战略，提出以发展工业为中心，以招商引资为突破口，通过吸引外来资金投入，承接珠三角产业转移和发展民营企业，全面加快工业化进程。为此，县委、县政府决定：（1）加大开放力度，大胆让利，以更优惠政策吸引外商投资办厂；（2）建立工业园区，创新服务方式，不断改善和优化投资环境；（3）实行招商引资责任制，大力开展多渠道、多层次、全方位招商引资活动；（4）加强政策引导，加大扶持力度，支持民营企业发展；（5）推进国有企业改革重组，放开搞活国有企业，支持优势企业发展扩大。按照县委、县政府的决策部署，通过出台优惠政策，建立紫城、回龙、马头等工业园区，开展全方位招商引资活动，先后引进了一批投资规模较大、科技含量较高的工业项目，承接了一批珠三角产业转移项目落户。其中包括年产400万吨的越堡水泥，以及中华制漆、佛山陶瓷、广兴牧业设备、杰力电工、苏粤铝材等企业。通过减免税负、提供融资便利，发展了一批资源型、劳动密集型民营企业；通过国有企业改制重组，使优势企业得到发展扩张。从而形成多种所有制工业共同发展的格局，加速了全县工业化进程。2012年，实现工业增加值18.13亿元，占全县生产总值41.25%；比2000年增长11.33倍，县域经济实力显著增强。

（三）绿色发展，推进新型工业化

党的十八大以来，县委认真贯彻新发展理念，在继续推进工业化进程中，既立足新丰资源、区位优势，又注重生态保护，积极实施"绿色崛起、跨越发展"战略，加快工业化发展。多年来，以"融珠先行"为导向，依托马头、回龙工业园区，大力发展新材料、新能源和新型建材等产业，先后引进了稀土分离、生态植物纤维、精细化工以及生物质发电、风力发电等一批高新技术产业项目。其中，回龙稀土分离项目依托新丰丰富的稀土资源，将建设成华南最大的稀土分离、研发基地；珠江东岸（新丰）创新产业示范园，将成为省级高新产业转移集聚区，为先进制造业、生物医药等绿色产业创新发展提供平台。此外，一批以新丰特色农产品为原料，生产绿色健康食品的项目，也陆续落户新丰。随着这些高新产业项目的建设投产，初步形成了高新材料、清洁能源、绿色食品三大产业集群。

党的十九大后，县委、县政府按照生态富民立县战略，把发展园区经济，实现产业生态化、生态产业化作为主攻方向，继续努力构建现代化产业体系。一是坚持实行"筑巢引凤"，通过加强园区基础设施建设，进一步明晰紫城、马头、回龙工业园和珠江东岸（新丰）创新产业示范园定位，着力打造先进制造业、新能源产业、新材料产业和高新产业集聚区；二是坚持实行"腾笼换鸟"，推进供给侧结构性改革，通过"三去一降一补"，淘汰落后产能，优化资源配置，补齐发展短板，推动传统工业转型升级，使县域经济发展从量的扩张转向质的提升，实现高质量发展；三是坚持实行生态保护，通过建立产业准入退出机制，按照生态优先的原则，严格把好产业准入关，依法清退不符合产业准入的项目，为子孙后代留下可持续发展的空间。经过一年多努力，新型工业化正在顺利推进。其中，珠江东岸（新丰）创新产业示范园已有南方（韶关）智能网联新能源汽车研发试验中心、鸿发康养创意项目、东新食品产业园等入驻落户；马头工业园区韶能绿洲生态植物纤维首期工程即将建成，韶能生物质发电二期工程正在紧张施工；紫城工业园区广兴牧业机械增资扩产顺利推进；回龙工业园区华厦陶瓷基地正在引进有实力的高端陶瓷企业。在这些正在实施的项目中，尤其令人瞩目的是南方（韶关）智能网联新能源汽车研发试验中心，建成后将是国内首个兼容传统汽车与新能源智能网联及无人驾驶汽车的测试基地，各项技术指标、性能参数、道路丰富程度及试验吞吐量方面将达到世界先进水平。不仅可满足省内车企测试需求，而且可为全省汽车企业实现从传统制造升级为智能制造提供强大助力。同时，也将加快新丰新型工业化进程。随着新型工业化发展和特色工业技术改造升级，2018年，全县实现工业增加值19.46亿元，比2012年增长44%。进一步夯实了县域经济的工业基础，为实现乡村振兴，建设秀美新丰提供了产业支撑。

三、实施旅游开发

（一）从零起步发展旅游业

新丰境内山川秀丽，生态优美，具有发展旅游业的良好条件。然而，在2000年前，旅游业在新丰一直是空白的。

1998年，县委、县政府根据人大代表、政协委员的议案、提案，把云髻山旅游开发摆上议事日程。云髻山位于县城西北部，是省级自然保护区，主峰海拔1438.8米，既是珠三角边缘最高峰，又是新丰江源头。山上奇峰异石，林木葱茏，溪流飞瀑，温泉水秀。历代文人墨客曾为它的秀美风光吟诗作赋，清代长宁（新丰）县令彭定求更是留下脍炙人口的佳句："云发不梳新样髻，玉容未改旧时颜，月为宝镜霜为粉，霞作胭脂雪作环。"在民间广为流传。但这个旅游宝地，却一直藏在深山人未识。为了填补新丰旅游业的空白，2000年，县委、县政府决定实施云髻山旅游开发。通过编制规划，在搞好交通、供电、通信设施建设的基础上，坚持实行保护性开发，保留了原有生态、自然景观，整个景区充满山林野趣，成为人们"春赏山花、夏弄清风、秋观红叶、冬踏冰雪"的好去处。2004年建成开放后，吸引了县内外大批游人。2005

年，云髻山被评为广东省最美乡村之一，成为珠三角开展乡村游、自驾游的优选地，结束了新丰没有旅游业的历史。

云髻山的旅游开发，使人们更新了观念，拓宽了视野，看到了发展旅游业的广阔前景，使县委、县政府进一步增强了发展旅游业的信心，决定充分利用新丰紧邻珠三角的区位优势、生态资源，采用多种形式，实施多元开发，把新丰打造成为珠三角休闲度假的"后花园"。为此，县领导班子放宽政策，鼓励和支持外来投资及社会资本参与旅游开发，在县城及景区周边兴建宾馆、酒店、山庄、农家乐等，提高旅游接待能力。经过多年开发，陆续建成云天海森林温泉度假村、丰江源温泉度假山庄、黄礤樱花峪、西莲山及遥田竹林寺多个景区景点，吸引了大量游客。其中，云天海景区拥有原始森林、天然温泉，空气负离子含量高，是原生态休闲养生胜地，在珠三角颇负盛名；位于黄礤镇营盘村的樱花峪，是全省品种最多、规模最大，最早建成开放的樱花景区，每年初春时节，漫山遍野的樱花五彩缤纷，令人流连忘返；在丰城会前村至板岭村新龙公路两旁，依山傍水建成的山庄、农家乐，隐藏在密林深处、河溪岸边，使这条公路成为人们游山玩水、品尝客家佳肴、体验农家生活的美食长廊。随着景点的开发，前来新丰旅游的人逐年增多。2012年，全县接待游客达到103.26万人次，旅游收入7.46亿元，分别是2005年的5.77倍和12.98倍。旅游业的发展，带动了社会就业和农副产品销售，成为新丰经济新的增长点。

（二）大力打造特色旅游品牌

党的十八大后，为进一步做大做强旅游产业，县委、县政府认真贯彻时任中央政治局委员、广东省委书记汪洋2012年3月在新丰调研时的指示，以打造"广东香格里拉"为目标，大力推进生态旅游示范区建设。多年来，通过加强规划引领，整合资源和引进外来投资，加大旅游开发力度，以"森林生态、农业观光、山地体育、客家风情"为特色，着力打造集休闲度假、温泉养生、林道越野、乡村旅游、客家美食于一体的生态旅游品牌，正在建设岭南红叶世界、云髻山古镇商业街、黄礤现代高山农业观光区，以及长达180千米的越野林道等。其中，位于茶峒的红叶公园，秋冬时节层林尽染，红叶如火似霞，让人体验到"霜叶红于二月花"的秋色；明清风格的云髻山古镇商业街，返璞归真，设计精美，既让人欣赏到古色古香的徽派、福建、广府、客家等多种流派的建筑艺术，又唤起人们儿时记忆，聊解乡愁；黄礤现代高山农业观光区，拥有万亩瓜田、万亩茶山和千亩樱花，每年春秋漫山遍野的樱花、佛手瓜和高山茶连绵起伏，一望无际，令人领略到现代高山农业的美丽壮观；180千米的越野林道，穿行在崇山峻岭之间，是目前全国最大的丛林越野赛场，为山地运动爱好者提供了释放激情的场所。与此同时，随着新农村建设的推进，涌现了一批产业兴旺、生态优良、村容整洁的美丽乡村，为乡村游、生态游增加了许多景点，从而加快了全域旅游的发展。此外，随着鲁古河国家湿地公园、雪山氧吧谷、大风门碧水云天等旅游项目的启动，将为游人亲近自然、健身养生，体验森林生态，观赏山水风光提供更佳去处。

在大力发展自然生态旅游的同时，还积极挖掘新丰人文资源和红色文化资源，打造一批人文景观和红色文化景点。其中建于400多年前的雪峒西莲寺、大埔竹林寺已经修复开放，成为旅游热点；距今200年的潭石九栋十八井、大岭儒林第等客家围屋，也在规划修缮中。近年来，县政府正投入1500万元，对红军早期领导人李任予故居进行全面修复，把其打造成为红色旅游品牌，为新丰旅游增添红色文化元素和历史厚重感。

（三）全面推进区域旅游发展

党的十九大后，县委、县政府进一步把发展全域旅游作为实施生态富民立县战略，推进乡村振兴的重大举措，按照农业、文化、旅游三位一体发展思路，调整全域旅游布局，编制《新丰县旅游发展总体规划（2017—2030）》，立足新丰优越的自然生态和区位优势，着力推进重点旅游项目建设，不断完善旅游产品体系。一是继续推进云天海康养旅游、沙田百香果农旅项目、黄磜全域旅游示范镇，以及云髻山、岭南红叶世界、雪山国际旅游度假区建设，进一步打造新丰旅游核心吸引力；二是整合旅游发展要素，大力推进旅游基础设施建设和公共服务提质增效，夯实旅游发展基础，改善旅游发展软环境，实现社会产业旅游化、旅游产业社会化，形成全域旅游新格局，力争在2030年把新丰建设成为国家全域旅游示范县。按照这一总体规划，新丰正在加大招商力度，积极引进外来投资参与全域旅游开发。经过多方努力，已签约引进多个旅游开发项目。其中，广州市德骞实业公司拟投资150亿元，在丰城街道长陂村、双良村和紫城村一带，打造集市民休闲运动公园、山地温泉度假区、高端温泉酒店、养生度假房地产、特色风情商业街及幼儿园、中小学校、区域内市政配套于一体的旅游度假地产综合项目，立项、规划等前期工作正在启动；新丰江生态景观廊道、南部温泉养生和运动度假区、东部湿地旅游和美丽乡村区、北部高山农业和乡村旅游区、西部田园风光和红色文化区建设也在有序推进，此外，还引进了城标公园、乡村大学、城市生态客厅、云溪谷等多个项目。

10多年来，新丰旅游业从零起步，已经成为旅游大县。2014、2015、2018年新丰县均荣获"广东省县（市）域旅游创新发展强县"称号，全域旅游初具规模，正在朝着旅游强县的目标迈进。这几年，云天海森林温泉度假村、丰江源温泉度假山庄分别被评为国家4A级、3A级风景区；云髻山风景区更是被誉为"广东香格里拉"，成为全省森林生态旅游示范基地、中国旅游优选项目，并被评为"海外华人最喜爱的广东自然风光景区"。在加快景区建设、提高旅游接待能力的同时，多年来新丰还通过举办樱花节、枫叶节、佛手瓜节、美食节，以及承办全国丛林摩托车越野赛、2017年全国学生定向锦标赛、2018全域旅游年乡村振兴发展高峰论坛等活动，推介新丰旅游资源，提高新丰旅游知名度和吸引力。其中，2016年新丰枫叶节暨"中国·新丰"丛林摩托车障碍赛，吸引来自新加坡及我国台湾省、香港特别行政区等海内外知名车手参赛。在2017年第十六届全国学生定向锦标赛上，来自北京大学、清华大学、中国地质大学等159所学校202支代表队共2600多人，在新丰参加了为期8天的比赛，新丰成为全国首个承办该项赛事的县级市。这两项赛事的举办，开启了新丰旅游产业与体育产业的融合发展的序幕，打响了"越野新丰"旅游品牌。更令人鼓舞的是，通过举办全域旅游年乡村振兴发展高峰论坛，与会的专家学者、知名旅游企业的代表和媒体代表，就新丰融入珠三角，在乡村振兴中发展全域旅游，提出了颇有见地的建议、设想和对策。同时，新丰还与多家旅游企业签订9个文旅开发项目，进一步完善云髻山旅游开发，加快雪山国际旅游度假区、岭南红叶世界项目建设，推进桐木山温泉度假和帽山国际生态旅游度假区项目开发，目标是将新丰打造成为对接粤港澳大湾区消费需求的生态旅游目的地。

如今，千年古县新丰，正以独特的山水风光、优美的自然生态、多彩的特色农业、古朴的客家风情迎接四方游人。2018年，接待游客315.79万人次，实现旅游收入25.69亿元，占全县生产总值的34.2%，旅游业已成为新丰的支柱产业。

社会民生建设

一、创建教育强县

（一）教育事业的曲折发展

中华人民共和国成立前，新丰的教育事业极为落后，除县城有1所公立小学外，其余177所均为私塾式民办小学，适龄儿童入学率仅为45%；3所中学共有学生554人，其中高中生40余人；学前教育、职业教育一片空白，青壮年文盲率高达80%以上。

中华人民共和国成立后，通过全面接管中小学，逐步建立新的教育制度，并陆续增办学校，扩大招收工农子弟入学。至1958年，全县小学增加到233所，在校就读学生17411人，适龄儿童入学率提高到85.4%；新办马头、遥田、梅坑、回龙、黄礤等5所初级中学，在校中学生从554人增至2065人，增长近4倍。随着农业合作化实现，农村幼儿学前教育逐步普及，各地农业合作社办起幼儿园187所，幼儿入园率达到94%；此外，还相继创办了县农业技术学校、县卫生进修学校、县师范学校及县城职工业余学校，填补了学前教育、职业教育的空白。与此同时，从1949年冬开始，在全县城乡大力开展扫盲运动，通过举办工农夜校、识字班，成立扫盲工作队上门帮教、分片包干等，组织青壮年文盲27400多人参加识字扫盲。至1959年，有20655人摘掉了文盲帽子，脱盲率达到86%，其中11548人继续参加业余高小、工农速成中学学习，分别达到高小或初中文化水平。

1958年后，由于"大跃进"和"文化大革命"的冲击，新丰教育事业历经波折，备受折腾。尤其是"文化大革命"期间，在极左思潮影响下，大力推行"教育革命"。一是实行工人阶级和贫下中农管理学校，以工（贫）宣队取代校长、教师在学校教育中的主导地位。二是缩短学制，实行"开门办学"，把小学六年学制改为五年学制，中学从"三三"分段制改为"二二"分段制；并通过校厂、校队挂钩，实行"开门办学"，以学工、学农代替基础教学；按照"突出政治"，学为所用原则，对课程设置、教学内容进行改革，着重培养学生日常应用能力和生产技能。三是推行"读高中不出公社，读初中不出大队"，大办农村中学。全县完全中学（含高中部）从3所增至13所，其中3所还是大队所办；小学戴帽初中更是多达123所。这样的无序发展，虽对普及初、高中教育有一定作用，如1976年全县初、高中在校生分别达到8809人和3548人，是1966年的4倍和30多倍。但由于缺乏基本办学条件，特别是师资的匮乏，只能是小学老师教初中，初中老师教高中；学生在校大部分时间用于学政治和学工、学农，没有接受系统的学科教育，导致学生各科的基础知识非常薄弱，教育质量严重下降。1977年恢复高考后，全县连续两年历届、应届毕业生参加高考，竟无一人达到录取分数线，且有25人单科成绩为0分。

（二）全力创建教育强县

改革开放后，联系恢复高考时的严峻现实，县委认真分析了全县教育现状，深刻认识到办好教育的重要性。在整顿教育，恢复正常办学秩序的基础上，1981年以来，就改善办学条件、推进

"普九"教育、建设规范化学校、创建教育强县等问题，先后作出多个决定，强调要把教育作为基础性、全局性、先导性工作，始终摆在优先发展的位置。随着这些决定的贯彻落实，各级党政领导和广大干部群众逐步凝聚了"百年大计教育为本"的共识，全县上下掀起了县委重视，政府主导，群众支持，社会各界积极参与兴教办学的热潮，为创建教育强县奠定了基础。

一是加大投入，坚持教育优先发展。改革开放以来，县委、县政府始终坚持教育优先原则，把有限财力向发展教育倾斜。20世纪80年代，为实现中小学"一无两有"（校校无危房、班班有课室、人人有桌椅），连续6年拿出财政收入的五分之一，进行中小学危房改造和桌椅配套，使全县159所中小学全部实现了"一无两有"，改变了过去不少学校透风漏雨、缺桌少椅的状况。20世纪90年代，在社会各界积极支持办学的情况下，继续逐年加大教育投入，对全县中小学进行全面改造扩建。1996年，全县初级教育和初中教育普及率分别达到99.8%和99.3%，实现了九年义务教育达标。至2005年，兴建希望小学12所，改建薄弱学校96所，基本实现学校楼房化、校园美化，运动场地和教学设施配套，办学条件大为改善。近十年来，特别是党的十八大以来，县委、县政府更是以"砸锅卖铁办教育"的气魄和担当，举全县之力推进学校规范化建设。2008年，按照国家示范性高中标准，投入1.3亿多元，迁建新丰一中新校区，建成占地290亩，建筑面积9万多平方米，校园壮观、环境优美、设施一流的新一中，办学规模可达100个班，提供优质学位5000个，彻底解决了过去高中学位不足的问题，为普及高中教育创造了条件。2013年，按照省现代化学校标准，投入8000多万元，建成办学规模可达60个班，提供学位2700个的新丰县实验小学，缓解了城区小学学位压力。与此同时，为推进乡镇学校规范化建设，这几年县政府还投入1.1亿元，新建了马头中心小学、黄礤初级中学，以及7所镇办中心幼儿园；扩建了县第二中学、马头中学以及黄礤、梅坑、沙田等中心小学，并把县教育局办公场所改建为县城第四幼儿园，使全县中小学全部达到广东省义务教育阶段规范化学校标准。

二是调整布局，推进教育均衡发展。随着城镇化快速发展，为实现教育公平，促进城乡教育均衡发展，在办好城区学校的同时，按照"合理布局，资源优化"原则，积极实施"提质扩容"工程。通过调整学校布局，把生源少、基础差、师资力量薄弱的乡村小学撤并到城区小学、乡镇中心小学或邻村小学，并对撤并后保留的学校，按照省义务教育阶段规范化学校标准进行改造建设，实现"提质扩容"，努力在办学条件、教学设施和师资配置等方面缩小城乡教育差距。经过多年努力，乡村学校基本与城区学校同步实现仪器装备标准化、系统设施规范化、图书资料标准化、数据管理集中化、信息教育课程化、远程教育普及化，促进了城乡教育一体化发展。此外，为进一步办好县中等职业技术学校，新建了实训大楼、教学楼、宿舍楼以及运动场等，配置了电脑室、音乐室、美术室、书法室、舞蹈室和练琴房等，使职业教育条件不断完善。与此同时，县委、县政府积极支持民办教育发展，新建民办幼儿园23所、民办九年制学校1所，弥补了城乡幼儿教育的"短板"，为实现学前教育、义务教育、高中教育和职业教育均衡发展创造了条件。

三是规范办学，素质教育全面推进。在大办教育过程中，县委、县政府认真贯彻党中央、国务院《关于深化教育改革，全面推进素质教育的决定》，首先要求各类学校规范办学行为，全面贯彻党的教育方针，从偏重"应试教育"转变到注意素质教育，克服"重智轻德"倾向，把教学活动立足点放到培养学生德、智、体、美全面发展上，严格按照教学大纲要求，不分"主科""副科"，合理安排和落实各科教学内容和时间，让学生接受全面教育。其次在课堂教学上，大力提倡启发式、讨论式和开放式教学，并把课堂教学与课外实践结合起来，培养学生独立思考和动手解决问题能力；积极引导学生参加各类文体活动，以及学雷锋、树新风和赈灾助残、扶危济困等社会公益活动，让学生通过课堂教学、课外实践、文体活动和社会实践活动，在德、智、体、美上得到全面发展。与此同时，为提高教师实施素质教育水平，教育部门通过设立课题组、上示范课、举办专题讲座、组织课堂教学竞赛等，大力开展教研活动和教学经验交流，逐步改变过去"封闭式""填鸭式"教学方法，提高广大教师采用启发式、讨论式和开放式教学的授课能力，使各类学校素质教育水平得到了全面提升。

四是尊师优教，促进教师素质提升。改革开放以来，县委、县政府坚持把尊师优教，加强教师队伍建设作为发展新丰教育事业的着力点。一是保障教师工资按时足额发放。40多年来，始终把教师工资纳入县财政预算，无论多么困难，坚持优先安排教师工资发放，从未发生拖欠教师工资现象；特别是1988年后，全面实行教师专业技术职务工资，发放山区岗位津贴，教师工资待遇比县内同类别公务员略高，使教师在新丰成为人们羡慕的职业。二是实施教师"安居工程"。20世纪90年代，通过多方筹资6346万元，新建教师住房1378套，基本解决了教师无房户、困难户安居问题，实现了"教者有其居"。三是提高教师社会地位。通过全面落实知识分子政策，各级党组织积极吸收教师先进分子入党，至2018年，已在教师中发展新党员1083人，使全县教工党员数从1979年253人增加到1336人，占在职教工总数的51.9%；同时注重选择优秀教师充实各级领导班子，在历届县党代会、人代会和政协委员会中，教师代表、委员名额均占有较高比例；每年教师节，举办庆祝纪念活动，表彰奖励优秀教师，使尊师重教蔚成风气。四是打造优质教师队伍。为全面提高教师队伍整体素质，在县委、县政府重视支持下，一方面，教育部门坚持抓好师资培训，通过办班学习、在职进修，鼓励教师参加电大、函授教育或自学考试，提高学历层次和专业水平；并通过专业技术职务评聘，开展名教师和学科带头人评选，激励教师钻研业务，争取成名成家。另一方面，积极引进教育人才，通过实行优惠政策，在省内外招聘本科以上师范专业毕业生来新丰任教，使教师队伍结构不断优化，整体素质显著提高。至2018年，全县有特级教师6人、高级教师294人、中级教师1722人，占教师总数的66.8%。其中，有3人被评为全国优秀教师，58人被评为省级优秀教师，还有一大批市级优秀教师和市、县学科带头人。

随着办学条件的改善、义务教育的达标、素质教育的推进和教师素质的提升，新丰教育事业实现了跨越式发展。如今，全县公办中小学全部达到义务教育阶段规范化学校标准。其中，新丰一中是国家级示范性普通高中，新丰实验小学是省级现代化学校；全县7个镇（街）全部实现教育强镇目标。2014年，经过省督导验收，新丰获授"广东省教育强县"称号。2015年，义务教育均衡县创建工作也通过国家督导验收，新丰成为全国义务教育均衡县。2016年，新丰又启动"广东省推进教育现代化先进县"创建工作，并于2018年通过省督导验收，从而进一步促进了教育现代化、教育规范化、均衡化发展，夯实了教育质量提升基础。21世纪以来，新丰教育发展综合排名在韶关市位列前茅，高考成绩不断攀升，最近几年更是屡创佳绩，上线率、录取率稳居全市前列。新丰摘掉了教育落后的帽子，已成为山区教育的"金凤凰"。

党的十九大后，县委、县政府决心在创建教育强县的基础上，坚持中国特色社会主义教育发展道路，继续深化教育体制改革，健全立德树人落实机制，把培养社会主义建设者和接班人作为根本任务。一是进一步调整城乡学校布局，实现城乡教育更加均衡、更加全面发展；二是大力抓好师德师风建设，切实提高教师教书育人的能力和水平；三是不断完善学校、家庭、社会相结合的德育网络，加强中小学生思想道德教育，促进学生德、智、体、美、劳全面发展。

二、发展医疗卫生事业

（一）医疗卫生事业快速发展

位于群山之中的新丰县，历来缺医少药，医疗卫生事业极其落后。1949年新丰解放时，全县仅有一所4张病床的公立医院，以及一些分散的私人诊所、中成药店。城乡居民得病，大多靠求神问卜，或找游医郎中看病。由于医疗卫生条件差，各种传染病常有发生。

中华人民共和国成立后，为保障人民健康，县政府迅速组织力量接管了县公立医院，经过改造扩建，建立县人民医院，随后又建立了县卫生防疫站、妇幼保健所等县级医疗卫生机构。1956年进行社会主义改造时，结合整顿私人诊所，把个体从业医生组织起来，分别在县城及沙田、遥田、梅坑、回龙、马头、黄礤等圩镇成立联合诊所，1957年后又转为公办区级卫生院。县、区医疗卫生机构的建立，使新丰缺医少药状况有所改善，也为卫生防疫工作开展创造了条件。从前，霍乱、天花、伤寒、疟疾、麻风等恶性传染病在新丰常有暴发，曾夺去不少人生命。县、区医疗卫生机构成立后，迅速组织医务人员在全县开展疫情调查和疾病防治工作，通过免费为疫区群众接种牛痘、注射疫苗，以及集中进行隔离治疗等措施，使这些恶性传染病得到了有效控制，从此没有发生大规模流行。与此同时，广泛开展爱国卫生运动。一方面，发动群众大搞环境卫生，经常组织开展灭蚊、灭蝇、灭鼠统一行动，减少病菌传播；另一方面，利用墙报、黑板报和图片展览等，大力宣传普及卫生防疫知识，提倡良好卫生习惯，预防疫病发生。

20世纪70年代，全国掀起了大办农村合作医疗的热潮。1970年3月，新丰县革委会总结推广沙田公社大办农村合作医疗的经验，各公社参照他们的做法，纷纷办起了农村合作医疗。这种合作医疗以公社为统筹单位，实行社队联办，通过社队提取为主、社员自筹为辅的方式，筹集实行合作医疗所需资金。在这个基础上，成立公社、大队合作医疗管理机构，负责合作医疗组织实施和管理；并在每个大队成立合作医疗站，配备赤脚医生，让农民能够就近得到医疗服务。为节省经费，减轻患者负担，各合作医疗站普遍实行"四自"（自种、自采、自制、自用）方针，积极种植、采制和使用中草药治病，使参加合作医疗的农民花很少的钱就能看上病、吃上药，深受群众欢迎。合作医疗很快就在全县农村得到推广和普及，至1972年，全县共办起大队合作医疗站121个，培训和配备赤脚医生150多人，参加合作医疗的农民达131360人，占当时全县农村人口85%以上，较好地解决了广大农民看病就医问题，也为改革开放后建立新型农村合作医疗制度积累了经验。

改革开放后，随着经济社会发展，为缓解城乡居民看病难、看病贵的问题，县委、县政府在推进医疗卫生体制改革同时，多方筹措资金，加快全县医疗卫生基础建设，大力改善城乡居民看病就医条件。一是对县级医疗机构进行改造扩建。其中，陆续投入1600多万元，对县人民医院进行全面改造，新建门诊大楼、住院大楼2.4万平方米，并对院内设施进行配套改造和环境绿化美化等。此外，还新建了县中医院门诊、住院大楼1.15万平方米，以及兴建县妇幼保健院、县疾控中心业务技术大楼等，使县级医疗机构面貌焕然一新。二是对乡镇卫生院进行改造。乡镇卫生院自建院以来，由于年久失修，大多残旧不堪，业务技术用房严重不足。1991年实行县、镇两级管理后，县政府安排专项资金300多万元，加上各镇配套资金，对乡镇卫生院逐一进行改造，全部新建了业务综合大楼，修缮、改造了院内配套设施，初步改变了过去"旧、脏、乱"状况，办医条件大为改善。三是对村卫生站进行配套改造。改革初期，村卫生站一度由个人承包经营，普遍存在"人员、设备、业务用房"不配套现象，有的一间小屋既是诊室，又是药房、注射室，根本不具备办医条件。1990年收归村委会管理后，县、镇、村逐步增加对村卫生站投入，按照卫生部颁布的《村卫生所（室）基本标准》，全面开展村卫生站"三配套"建设。至2005年，全县165间村卫生站配备乡村医生187人，基本实现"三配套"，其中有32间达到甲级标准，133间达到合格标准。

在加快医疗卫生基础设施建设的同时，积极推进医疗设备的更新升级。其中，乡镇卫生院更新充实了X光机、呼吸机、洗胃机等医疗器械；村卫生站全面替换了沿用多年的"老三件"（血压计、体温计、听诊器），添置了基本诊疗设备；县人民医院、县中医院更是购置了CT、彩色B超、高频电波刀、激光排石机、全自动生化仪及彩色病理图像分析系统等现代诊断治疗设备；县疾控中心、县药品检测所分别配置了各种先进的监测、防控、检测分析设备，使全县医疗技术装备水平上了一个新台阶，为开展疾病的防控、监测、诊断、治疗提供了有力保障。

医疗卫生事业的快速发展，促进了医疗技术的提升，为疾病诊疗和卫生保健工作开展提供了支撑。改革初期，乡镇卫生院基本属于防保型，连一般小手术也做不了；县人民医院也只能做一般常见手术，遇有重症病人，或难度较大的手术，均要长途转送省、市医院救治。随着医疗设备更新完善和医务人员技术水平提高，乡镇卫生院已能进行一般常见手术；县中医院除能进行泌尿系统激光碎石、甲状腺肿大切除和脾切除手术外，还在中西医结合治疗胆囊炎、肩周炎、妇女更年期综合征、支气管炎等方面有所突破，取得显著疗效；县人民医院在不断提高一般手术质量基础上，已能进行颅脑肿瘤切除、肝肺叶切除、趾骨上前列腺切除、开窗法腰椎间盘摘除、食管癌及贲门癌切除以及泌尿系统疾病、烧伤等高难度手术，减轻了重症病人长途转医的痛苦和风险。全县初步实现了"小病不出村，常见病不出镇，大病不出县"的目标。与此同时，县政府大力开展疾病预防和健康保障工作，并取得显著成绩。其中，传染病防治各项防控指标均在国家规定的范围内，多年来未发生甲类传染病。2003年"非典"期间，由于防控措施得力，全县未发生感染病例。在地方病、慢性病防治方面，通过采取综合防治措施，经省、市考核验收，全县已基本控制和消灭地方甲亢、麻风病。结核病防治更是全面达到国家规定的防控指标，1997年新丰县被评为全国结控先进单位。此外，新丰县还先后被评为全省计划免疫先进单位和初级卫生保健达标县。

（二）积极创建卫生强县

党的十八大后，随着国家医改惠民政策的实施，县委、县政府乘势而为，在加强领导、做好规划的基础上，不断深化医疗卫生体制改革，大力推进医疗卫生服务能力建设，全面加快创建卫生强县的步伐。一是医疗卫生服务能力稳步提升。2013年以来，县委、县政府抓住国家加大医疗卫生事业投入的有利时机，相继制定了《关于进一步加强新丰县医疗卫生服务能力建设的实施方案》，以及《新丰县医疗卫生服务体系规划（2016—2020）》，以提升医疗卫生服务能力为目标，优化县域医疗机构布局，在重点实施县级医疗机构优化提高的同时，大力推进基层医疗卫生机构规范化建设。其中，县人民医院新业务大楼已建成投入使用，楼内各科室医疗技术装备全部换代升级，已经达到三甲医院配置水平。为充分发挥这些先进设备作用，提高诊疗水平，县人民医院还与广州多家三甲医院联网，建立远程诊疗中心，实现了优质医疗资源共享。同时从2016年起，县政府全面筹划和分批启动村卫生站公建规范化建设，投入资金，严格按照《村卫生所（室）基本标准》规定的功能配置，对村卫生站分批择址新建。至2018年，全县已申报在建村卫生站70间，其中35间已建成使用，全部达到规范化建设标准，使村卫生站服务能力明显增强。二是医疗卫生体制改革不断深化。为打通医疗卫生服务群众的"最后一公里"，让医改惠民的阳光普照每一个群众，2014年以来，全面启动了县级公立医院改革，对县级医疗单位重新实行"差额补贴"，全面取消药品加成，通过网上集中采购，实行零差价销售，克服"以药养医"现象，并把门诊诊查费纳入基本医保普通门诊统筹报销，以减轻患者负担，缓解"看病贵"问题。同时成立县镇医疗共同体，推行"基层首诊、双向转诊、急慢分治、上下联动"的分级诊疗机制，以及推广家庭医生制度等，使医疗卫生服务更接地气，更加贴近民生。三是公共卫生服务逐步拓展。近几年来，为满足城乡居民对优质医疗服务和养老保健的需求，县级医疗机构积极创新服务模式，拓展服务项目，努力提升公共卫生服务水平。如县人民医院通过开展优质护理示范工程，建立推进优质护理的长效机制，使优质护理覆盖率达到100%；通过建立基本药物制度，严格执行《医疗机构药事管理暂行规定》，确保安全规范用药；通过完善医患沟通制度，加强医患之间的沟通交流，积极探索医患纠纷第三方调处机制，有效地防范和化解了重大医患纠纷的发生。在疾病防治方面，县妇幼保健院连续6年坚持开展妇女"两癌"免费筛查活动，为妇女宫颈癌、乳腺癌防治做了大量基础工作。村卫生站通过村民健康状况调查，普遍建立村民健康档案，为村民防病治病提供了基本依据。随着人口老龄化，回龙镇卫生院、梅坑镇张田村卫生站、丰城街道横坑村卫生站开展了"医养结合养老照护"试点，积极探索医养结合的养老模式，取得了良好效果，并在黄礤、马头等镇逐步铺开。随着卫生事业发展，2017年，新丰在全省公共卫生服务项目考核中获得第六名，位居山区县（市）第一名。

党的十九大后，县委、县政府以创建"卫生强县、健康新丰"为目标，根据县城框架扩大，医疗机构过于集中的现状，在省、市支持下筹资5.7亿元，加紧推进县人民医院、县中医院、县妇幼保健院迁建升级项目建设，力争在3年内建成投入使用。届时，将进一步优化县级医疗机构布局，全面提升医疗设施水平，更好地满足人民群众对医疗卫生服务和健康保障不断增长的需要。

三、文化广电事业发展

（一）文化事业的发展

由于受地理和历史条件的制约，中华人民共和国成立前，新丰全县城乡除一些祠堂、寺庙、教堂外，既无文化机构，更无现代文化设施，文化事业极为落后。

中华人民共和国成立后，从1949年10月起，县委、县政府以"北一支一团文工队""东二支二团文工队"为基础，陆续组建和成立了县文教科、文工团、新华书店、文化馆、电影放映队等。1956年后，又相继办起县广播站、《新丰农民报》、粤剧团、采茶剧团等。随着文化机构、团体的成立，还以农业合作社为单位普遍成立农村俱乐部、图书室、业余剧团等，并在县城兴建了电影院、灯光球场等，使新丰文化事业有了初步发展。然而，"文化大革命"期间，县内多数文化机构、团体被停办、解散，文化事业发展几乎处于停顿状态。

改革开放后，随着经济社会发展，为满足人民群众日益增长的文化需求，县委、县政府把发展文化事业列入全县经济社会发展规划，作为丰富群众文化生活、推动精神文明建设、增强文化自信的大事来抓。在地方财政较为困难的情况下，千方百计增加政府投入，充实文化队伍，推进文化设施建设，广泛开展群众文化活动，努力构建公共文化服务体系，使新丰文化事业有了长足发展。

一是文化机构日益健全。党的十一届三中全会后，拨乱反正，在恢复县文化局、文化馆、采茶剧团的同时，陆续成立了图书馆、博物馆、电影公司及乡镇文化站。2014年又成立了文艺创作室，并通过选调、公开招聘和业务培训，不断充实和提高文化工作队伍，健全和加强了县、镇两级文化机构，为文化事业发展打下良好基础。

二是文化设施不断完善。改革开放前，新丰县文化设施大都是因陋就简改建而成，有的几个单位挤在一起，连基本业务用房都没有。从1979年起，县委、县政府多方筹措资金，逐步推进文化设施建设，先后建成文化大楼、图书馆、影剧院、文博大楼、新华书店以及各镇文化中心，为文化事业发展提供了良好条件。其中，文化大楼解决了文化局办公用房和采茶剧团（后改为县文艺演出队）练功、排演场地；图书馆设有藏书室、阅览厅、展览室、活动室及文化信息资源共享中心；文博大楼一、二、三楼为文化馆业务用房，设有多功能厅、音乐室、舞蹈室、创作室、辅导室及数字文化馆；文博大楼四、五、六楼为博物馆用房，设有文物保管厅、民俗展览厅、革命历史展览厅。并先后建成府前广场、南门塘文化广场、体育馆、全民健身广场等。进入21世纪后，特别是党的十八大以来，随着国家文化惠民政策的实施和新农村建设的推进，县委、县政府不断加大农村文化设施建设力度，将建设基层综合文化中心纳入新农村建设规划，安排专项资金，推进项目建设。至2018年，全县157个行政村（社区）全部建有农家书屋、电子阅览室和文体广场等，其中122个行政村（社区）还建成了设施齐全、功能多样的综合文化服务中心，使农村文化设施从无到有，日益完善。为适应新时期文化发展需要，2015年，县委、县政府还决定在原新丰一中旧校区，新建包括文化馆、图书馆、博物馆在内的综合文化中心，并邀请专家对三馆总体设计、功能配置进行研讨，制订了实施方案。

三是群众文化蓬勃开展。随着文化机构、文化设施日趋健全和完善，城乡群众文化活动与时俱进，日益丰富多彩。20世纪80年代，在文化部门指导下，企业文化在全县厂矿企业蓬勃开展，大多数国有、集体企业以"职工之家"为阵地，普遍成立了歌咏队、舞蹈队、篮球队以及书法、摄影、棋类活动小组，经常利用工余时间或节假日，开展各类文体活动，或举办班组（车间）、厂际歌舞、篮球、棋类比赛；不少企业还创作了厂歌、行业之歌，在职工中广泛传唱，增强企业凝聚力。20世纪90年代后，社区文化逐步兴起，许多机关、单位和社区纷纷办起歌舞厅，每当华灯初上，唱卡拉OK、跳交谊舞成为人们的文化时尚。进入21世纪后，广场舞的兴起更让社区文化长盛不衰，成为群众文化一道亮丽的风景。党的十八大后，随着新农村建设的推进，农村文化设施日益完善，为乡村文化振兴创造了良好条件。如今，在许多村庄里，每天清晨、傍晚或节假日，村民们在设施齐全的文化活动中心里，有的看书上网、赏花下棋，有的唱歌跳舞、散步打球，乡村文化活动空前活跃。与此同时，为了引领和推动群众文化健康开展，丰富群众文化生活，1980年以来，县文化部门经常举办业余文艺骨干培训，组织全县业余文艺汇演、调演，举办客家山歌大赛、青年歌手大赛、广场舞大赛。每逢重大节日或纪念日，县文化部门还组织举办文艺晚会、节日游园以及书画、摄影、奇石、兰花展览等。其中，2004年8月，中央电视台《乡村大世界》栏目在紫城工业园举办大型文艺演出；2018年春节，新丰在县府广场举办盛况空前的春节联欢晚会。此外，文艺演出队、图书馆、博物馆、电影公司等，坚持开展送戏、送图书、送展览、送电影下乡活动。其中，县文艺演出队在1996年至2005年间，每年送戏下乡100多场，受到省文化部门的表彰。

四是文艺创作成果丰硕。党的十一届三中全会后，为繁荣本县文艺创作，县文化部门通过举办业余文艺创作培训班，创办文艺刊物《山茶花》，组织文艺骨干深入生活，开展创作实践，并通过公开招聘和选调专业文艺人才，培养了一支专业与业余相结合的文艺创作队伍，使全县文艺创作活动蓬勃开展，取得了丰硕成果。其中，在文学、诗词、戏曲创作方面，傅庆平的报告文学《山魂》、诗歌《流不尽的长江水》，曾在中国作家杂志社、《人民日报》等报刊联合举办的第五届"中华颂歌征文评选"中，分别获得报告文学类银奖和诗歌类银奖。从《山茶花》中成长起来的青年诗人李剑文，先后出版了《鹃声如潮》《蝉声如雨》等诗集，另有20多首散文诗入选《广东散文诗选萃》，并多次在全国诗歌大赛中获奖。由离退休老干部创办的诗刊《云山诗苑》，自1992年创刊以来，至今坚持定期出版，作者遍及省内外，被誉为"岭南诗坛奇葩"，成为新丰一张文化名片。长期从事戏剧创作的李伟才、黄耀雄，分别有22个剧目（包括小戏、小品）和11个剧目，在省、市业余文艺汇演或评选中获奖。在书画、摄影、根雕创作方面，潘的明的木刻画《阳光、土地和水》，入选广东省美术作品展。多年坚持摄影创作的叶发令，他的作品多次在省内外影展获奖，其拍摄的《画眉之乡》入选全国首届农民摄影作品展，另有10余幅作品分别入选水利部编纂的大型画册《农村曙光》及《广东年鉴》；广东电视台《南粤风采》栏目还专门选介他的优秀作品，对他的摄影创作和艺术成就给予高度评价。在20世纪80年代崛起的新丰根雕，更是异彩纷呈，令人瞩目。曾先后在广州、珠海、中山等地举办新丰根雕作品展。李广宏创作的《广岛追思》、黄世藩创作的《金麒麟》，广受海内外人士赞赏；还有40多件根雕精品被省有关部门选送美国、德国、加拿大等多个国家展出。对新丰根雕的艺术成就，中央电视台、《南方日报》、广东电视台及香港《大公报》等主流媒体，曾分别进行专题报道和推介，皆盛赞新丰根雕是"山沟里飞出的金凤凰"。此外，歌舞创作也取得不俗成果，多次在省、市文艺汇演、比赛中获奖。党的十八大以来，县文化部门认真贯彻习近平总书记在全国文艺工作座谈会上的讲话精神，多次召开文艺创作研讨会，引导和组织文艺骨干走基层、接地气，创作了一批讴歌新时代、唱响主旋律的小戏、曲艺、歌舞节目，为激浊扬清、匡正祛邪，弘扬和培育社会主义核心价值观发挥了积极作用。

五是文化遗产保护逐步加强。党的十一届三中全会后，通过拨乱反正，县委、县政府逐步加强文化遗产保护工作。其一，不断加大文物普查和保护力度。1983年开展全国第二次文物普查时，以县文化部门为主体，组织专门队伍，广泛发动群众参与，在全县开展大规模文物普查。经过普查，在县内发现新石器时期至夏、商、周等远古时期人类活动遗址30多处，汉、唐、宋、明、清古迹遗物一批，并出土远古时期的化石、石锛、石镞、石环、仿陶片、陶仿轮等30余件，以及战国至宋代的陶具、青铜器、钱币和明、清时期的古籍、字典等。在此基础上，1984年，县政府依据《中华人民共和国文物保护法》，颁布了《关于加强文物保护工作的规定》，公布了第一批县级文物保护名录，并于1991年成立县博物馆作为文物保护的专门机构，采取切实措施，加强文物保护工作。此后，又多次开展文物普查和不可移动文物普查，把一批寺庙、古墓、古建筑列入保护范围。近几年来，还通过争取省、市支持和动员社会力量，对潆溪祠、大洞雁塔、沙田阳福塔、六十三军抗战将士墓、李任予故居、北一支成立大会旧址，以及西莲寺、竹林寺、马头九栋十八井、龙围镇江楼等一批重点文物、遗址、古建筑进行了修缮。其二，积极开展非物质文化遗产挖掘保护工作。从20世纪90年代以来，经过县文化部门20多年的挖掘、整理，已有张田饼印、新丰担丁酒、舞凤、春牛舞等10项被确认为新丰非物质文化遗产。其中，融合美术、木刻技艺，集观赏性与实用性于一体的张田饼印被列为省级非物质文化遗产，担丁酒等6项被列为市级非物质文化遗产，并在县职业中学、回龙中学建立了非遗保护和传承基地。对于濒于失传的民间艺术，通过走访民间艺人，拜师学艺，积极进行抢救、保护，把一批消匿多年的传统歌舞重新搬上舞台。如县文化馆改编的纸马舞《送郎参军》，参加广东省第二届民间艺术大赛，获得铜奖，并被选调参加全国民间音乐舞蹈比赛，获得"丰收杯"奖。与此同时，积极开展民间艺术研究，有关新丰"舞凤""道公舞"的研究资料被载入《中华舞蹈志·广东卷》，填补了新丰在中国文化史志上的空白。此外，对民间口头流传的山歌、谚语、童谣、传说也抓紧进行搜集、整理，出版了《新丰民间文学集成》，使口头流传的民间文学得以保存，为后人留下宝贵的文化遗产。

（二）广播电视的发展

在大力发展文化事业的同时，县委、县政府还多方采取措施，加快广播电视发展。由于新丰境内多山，广播电视覆盖难度大，1978年前，县城及大多数乡镇均听不好广播，看不到电视。改革开放后，在县委、县政府重视支持下，经过广播电视部门努力，至20世纪末，基本实现广播电视村村通，使全县95%以上人口能够听到广播，看到电视。进入21世纪后，特别是党的十八大以来，随着信息技术快速发展，新丰广播电视业发展也不断加快，初步建成数字广播电视网络，可以为用户提供更加多样化、个性化资讯服务。

一是事业建设逐步升级。20世纪80年代，为解决群众听不好广播、看不到电视问题，在广州市支持下，新丰县广播电视部门分别在大顶山、南山建立广播电视转播台，其中大顶山转播台海拔880多米，发射功率分别为广播100瓦、电视300瓦，主要覆盖县域东南部地区；南山转播台海拔1100多米，发射功率分别为广播50瓦、电视100瓦，主要覆盖县域中西部地区。与此同时，继续架设县城至各乡镇广播传输专线，并在各乡镇驻地及部分边远山区建立小功率电视差转点30多座。至20世纪80年代末，广播实现了无线与有线混合覆盖，电视覆盖范围不断扩大，使全县九成多人口能听好看到一套广播电视节目。1989年起，为满足群众看好多套电视节目的愿望，开始在县城建设有线电视网，使县城居民可以看到6套电视节目。1992年，逐步在各乡镇铺开有线电视网建设。1995年，又通过县、镇联网，单独建网，在农村实施广播电视村村通工程。经过多年努力，至1998年冬，全县141个行政村，有112个村与县、镇有线电视联网，25个边远村单独建网，基本实现了广播电视村村通，使全县95%以上人口可以看到多套电视节目。进入21世纪后，为适应信息化发展需要，2001年，对县城有线电视网进行光纤传输改造，把网络宽带从550兆提升到750兆，既能传送60多套电视节目，又能传送多套立体声广播节目，并与韶关市有线电视联网，实现了节目回传。2009年起，在与南方银视公司合作后，新丰开始建设数字电视网络。经过多年推进，至2018年，已完成县城及沙田、遥田、回龙等镇数字电视整体转换工作，终端用户达26000多户，初步建成多功能数字电视网络，并通过更新采编设备，升级播控前端，使数字电视节目播出从标清迈向高清，进一步提高了收视质量。在这个基础上，从2017年起，在县委、县政府重视支持下，积极推进媒体融合发展，依托广播电视网络陆续开通微信平台、微博平台、无线平台、触电平台、直播平台、抖音平台，逐步形成了新丰TV系列新媒体矩阵，并于2018年5月成立了新丰县融媒体中心，提升了主流媒体的传播力、引导力和影响力。同时，大力配合省广电部门在大顶山建设无线覆盖工程，已于2017年6月正式启用，使新丰广播电视覆盖更有保障。

二是新闻宣传与时俱进。县广播站自成立以来，一直以转播中央台和省台节目为主，自办节目只有以报摘为主的《全县联播》。1980年，在改革大潮推动下，通过充实采编力量，把《全县联播》改为《本县新闻》，并自办了每周定期播出的《农科知识》《大众生活》《法制之窗》《青少年之友》《文化走廊》等栏目。在坚持转播好中央和省台重要节目的同时，通过自办节目，使广播宣传更加贴近群众，贴近实际，贴近生活。1989年，县广播站更名为广播电台后，采用调频播出，随着覆盖范围的扩大，对电台节目的设置、采编、播出进行了全面改革。在播出时间上，把原来每天3次播音改为每天6时至14时、17时至21时两大播出时段播音,全天播音时间从原来每天7个小时增加到12个小时。在节目设置上,分别设立5个板块,实行大时段、大板块主持人直播。在每个板块里,除安排正点新闻外,还根据不同受众,分别设置时政类、资讯类、知识类、生活服务类、娱乐类节目,使每个板块节目既自成一体,又有所侧重,深受听众欢迎。

1990年,随着事业发展,电视宣传开始起步,当时主要是在大顶山转播台和县城有线电视网不定期插播本县电视新闻。1994年,县有线电视台正式开播后,在多个频道定期插播《新丰新闻》,以及专题、广告节目。2005年,县广播电台、有线电视台合并为广播电视台后,作为县内唯一主流媒体,坚持以宣传为中心,以新闻为主体,努力办好各类节目。特别是2014年通过开通新丰综合频道,改变了过去插播节目的状况,以自办节目为主,录播节目为辅,每天播出12个小时。在重点办好《新丰新闻》的基础上,还自办了《记者发现》《走进新丰》《文化长廊》《周日闲情》《天天新气象》等栏目。多年来,为了办好广播电视节目,采编播人员围绕党和政府的工作大局,紧扣时代脉搏,坚持正确舆论导向,以唱响主旋律、传播正能量为己任,深入基层,走访群众,及时宣传报道各条战线的新作为、新成就、新事物、新风貌,为全县经济社会发展加油鼓劲。党的十八大后,面对舆论生态的深刻变化,县广播电视台更是充分发挥主流媒体优势,坚持守正创新,针对网络谣言、网络舆情事件,通过融媒体平台,采用多种形式主动发声,强化正面引导,化解负面影响,为维护社会稳定、推动经济社会发展凝聚正能量。

(三)传承弘扬红色文化

20世纪20年代以来,在中国共产党领导下,新丰人民为争取民族独立、人民解放进行了百折不挠的艰苦斗争,涌现了许多为革命英勇奋斗的先烈，留下了大量具有历史价值的革命遗址、文物等，这些红色文化资源，是新丰宝贵的精神财富。

中华人民共和国成立后，特别是改革开放以来，为了让后人铭记革命历史，继承先辈奋斗精神，1984年，县委成立党史研究室，组织力量开展地方党史、革命史资料征集、挖掘、整理和编修工作。一方面，深入革命老区，寻访当年老共产党员、老游击队员、老堡垒户，请他们回忆历史，确认革命遗址，寻找革命文物等；另一方面，前往外地，走访当年在新丰从事革命斗争的老领导、老战士，请他们提供史料，撰写革命回忆录等。经过多年艰苦努力，共收集访谈资料、革命斗争回忆录400多篇（件），历史照片200余幅，确认革命遗址42处。在这个基础上，编写出版了《中国共产党新丰县大事记》、《中国共产党新丰县地方史》（第一卷）、《新丰党史资料》等党史书籍；整理出版了《战斗在新丰》《丰江激流》《戎马生涯》等革命前辈回忆录；编撰了38位新丰党史人物的传略《新丰英烈》以及一批党史研究文章。特别是通过走南闯北，多方寻访查考，挖掘整理了红军早期领导人李任予为中国革命南北转战、英勇献身的史料，使他从尘封的历史中重放光彩，获得了应有的历史地位。这些工作成果，记录了新丰人民在党的领导下，坚持武装斗争，实现新丰全境解放的光辉历史，讴歌了革命前辈舍生忘死、百折不挠的奋斗精神，为开展革命传统教育，传承红色基因，留下了宝贵的红色文化遗产。

党的十八大后，根据中央和省、市关于保护红色遗产，弘扬红色文化，传承红色基因的工作要求，县委成立了红色文化保护利用工作领导小组，宣传、党史、文化等部门积极采取措施，不断加强红色文化保护利用工作。一是建立革命遗址保护名录。2019年，根据省、市部署，在全县组织开展新一轮革命遗址大普查。按照不遗漏、全覆盖、分级认定、加强保护的要求，以村为单位进行全面普查，对新民主主义革命时期红色遗址逐一登记造册，实行分级认定，凡是具有一定历史价值的，过去未列入保护的均列入保护，原来保护级别低的向上申报升级。经过普查评定，新增革命遗址121处，加上原有的42处，全县共有163处革命遗址被列入县级保护名录。其中李任予故居正在申报广东省文物保护单位。革命遗址保护名录的建立，为加强红色文化保护利用提供了依据。二是打造红色教育基地。近几年来，在各级党委、政府重视支持和社会各界参与下，以新丰县革命斗争重大事件发生地、革命堡垒村为依托，打造了一批红色教育基地。其中，在马头镇军屯村，新丰成立的第一个党支部旧址被改建为新丰党史教育基地；在遥田镇江下村，修建了北一支成立大会旧址红色公园；在黄礤镇黄沙坑村、沙田镇天中村、马头镇板岭下村，分别建立红色村史馆，展示根据地人民为革命英勇斗争的艰苦历程和重要贡献。此外，正在加紧实施李任予故居全面修缮工程，力求将其打造为革命传统教育基地，以提升和扩大新丰红色文化影响力。三是拍摄制作红色故事视频。为了让更多群众受到红色文化教育，2019年，县党史部门以新丰党史资料为依据，选择新丰革命斗争的重大事件、重大活动、重要战斗，以及根据地人民的斗争事迹，经过深入挖掘、整理，采用讲故事的形式，拍摄制作了20集红色故事视频，在县广播电视台、秀美新丰网播出，使广大群众可以通过生动、形象的影像视频，得到更直观、深刻的教育。四是坚持开展红色史料研修。多年来，在加强红色文化保护利用同时，组织力量坚持开展红色史料研修。其中，经过多方寻访查考，在广东党史刊物《红广角》发表了《追寻红军早期领导人李任予足迹》《古田会议前后的李任予》等党史研究文章；编写出版了李任予传记《云髻山飞出的雄鹰》，并为中共党史人物研究会编辑出版的《中共党史人物传》撰写了李任予生平事迹的初稿。这些研修成果，不仅丰富了新丰的红色文化内涵，提升和扩大了新丰革命老区的凝聚力和社会影响力，而且为深入开展"不忘初心、牢记使命"主题教育提供了鲜活的教材。

四、开展扶贫攻坚

（一）消除绝对贫困

由于受社会历史、地理区位及自然条件等因素的制约，新丰县历来贫困范围广、贫困人口多、贫困程度深，早在1984年就被划为省级贫困县，1995年又被确定为全省16个重点扶贫开发县之一。因此，从1984年起，县委、县政府就把实施扶贫开发、消除贫困纳入经济社会发展规划，成立由一名副书记挂帅、县直有关职能部门负责人参与的扶贫开发领导小组，在全县有计划地组织实施扶贫开发工作，并在不同时期取得了阶段性成果。

改革开放初期，通过实行家庭联产承包责任制，全县农村虽然基本解决了温饱问题，但是，由于生产单一，多种经营滞后，大多数农民收入仍然偏低，生活还较困难。县扶贫开发领导小组成立后，为摸清全县贫困人口分布状况，制订扶贫工作规划，先后多次按照省划定的贫困线标准，在全县开展贫困人口调查摸底，并依据调查情况，采取相应措施开展扶贫工作。其中，1985年以人均年收入200元以下为标准，核实贫困人口76116人，占当年农村人口42.6%，通过发动农民大搞造林种果，发展山地种养业，使农村人均收入逐年上升。1991年以人均年收入500元以下为标准，核实贫困人口28936人，占当年农村人口16.3%，通过引导农民大力发展"三高"农业，使农村人均收入显著增加。1996年，按照省委、省政府关于消除绝对贫困，全面解决农民温饱问题的部署，以人均年收入920元以下为标准，再次开展农村贫困人口调查，通过逐村逐户造册登记，核实当年尚有1872户、8963人处于温饱不保的绝对贫困状态。为实现省提出的减贫目标，1997年初，县委、县政府作出《关于加快我县扶贫攻坚步伐的决定》，从县、镇机关、企事业单位抽调1800多名干部分别与绝对贫困户结成帮扶对子，开展"千干扶千户"活动，帮助贫困户找准生产门路，并为每户贫困户提供扶贫项目启动资金1600元；同时通过转移就业，开展农副产品加工、餐饮服务及组织劳务输出等措施，为贫困户广开生产门路，增加收入。经过全县上下共同努力，1997年有1865户贫困户、8937人人均年收入达到1000元以上，减贫率为99.7%，其中人均年收入超过1500元的有980户，占52.3%，从而实现了1996年省提出的全面解决贫困人口温饱问题的目标，基本消除了绝对贫困现象。

在解决贫困人口温饱问题的同时，县委、县政府还把发展壮大村级集体经济，作为加强农村基层组织建设的大事提上议事日程。据1996年调查，在实行家庭联产承包责任制后，由于原有的队办企业经营项目几乎都被分包到户，致使村级集体经济严重削弱，全县141个行政村有108个年集体收入不足3万元，占76.5%，其中81个村不到3000元，成为"空壳村"。针对这种情况，县委、县政府充分利用本县水电资源，通过镇、村集资，挂扶单位垫资，以及集中使用江门市帮扶资金等措施，安排81个"空壳村"参股兴建扶贫电站，于1998年建成扶贫电站9座，装机容量4325千瓦，使这些"空壳村"每年从电站分红中稳定增收2万元左右，摘掉了"空壳村"帽子。进入21世纪后，为进一步壮大村级集体经济，结合县属水电企业改制，组建丰利水电股份有限公司之机，通过整合省专项扶贫资金、东莞市及省市县挂扶单位帮扶资金1800多万元，安排108个集体经济收入不足3万元的贫困村参股丰利水电股份有限公司，使这些贫困村年集体收入基本达到3万元，逐步走出了困境。

（二）实施扶贫工作"双到"

2009年6月，省委、省政府决定从2010年起，在全省农村分批实施扶贫开发"双到"工作，并制订了《广东省扶贫开发"规划到户、责任到人"实施意见》，要求以3年为期，对全省所有贫困村、贫困户分三批实施扶贫开发"双到"工作，确保2018年全面实现脱贫。县委、县政府以省划定的村年集体收入3万元以下、人均年收入1500元以下为贫困标准，通过深入调查摸底，初步确定了全县贫困村、贫困户和贫困人口，制订了《新丰县分批实施扶贫开发"双到"工作规划》。其中，纳入第一轮（2010—2012）扶贫开发"双到"的贫困村54个、贫困户6112户、贫困人口25948人；纳入第二轮（2013—2015）扶贫开发"双到"的贫困村66个、贫困户3553户、贫困人口13858人。按照规划，在实施前两轮扶贫开发"双到"工作中，县委、县政府统筹安排省、市、县及东莞市挂扶单位力量，并由挂扶单位与贫困村实行定点挂钩帮扶。在这个基础上，挂扶单位工作组进村后，首先通过召开干部会、村民代表会及走访贫困户，进一步做好调查摸底工作，全面搞清楚贫困村、贫困户的经济状况、贫困原因，然后按照"一村一策、一户一法、一户一挂"的要求，根据贫困村、贫困户的具体情况，确定帮扶措施，制订帮扶规划，做到"因村施策、因户施法"，把帮扶措施、规划落实到村到户；并由挂扶单位干部职工与贫困户实行"一对一"对口帮扶，从而保障了扶贫开发"双到"工作扎实推进。

为壮大村级集体经济，根据大多数贫困村地处偏僻山区，发展稳定增收项目比较困难的实际情况，采取了以下措施：一是设立政府统筹项目，引导挂扶单位为贫困村出资入股，由县政府委托公司经营，每年按股金比例分红作为村集体收入，使绝大多数贫困村从政府统筹项目分红中，每年稳定增收3万~5万元。二是支持贫困村置办实业，发展集体经营项目。通过由挂扶单位出资，帮扶贫困村建电站、搞加工、办种养基地；或在城镇购置物业，开展租赁、餐饮以及乡村旅游等经营项目，增加集体收入。其中，纳入第一轮扶贫的54个贫困村，2012年集体经济平均收入9.72万元，比2009年增长213%；纳入第二轮扶贫的66个贫困村，2015年集体经济平均收入9.63万元，比2012年增长328.6%，使村级集体经济基本达到省提出的发展目标。

坚持以产业扶贫为基础，为帮扶贫困户实现脱贫。通过培育做强农业龙头企业，采取"公司+基地+农户"、成立专业合作社等形式，大力发展主导产业，带动贫困户参与产业发展，初步形成了"东菜、西果、北茶"三大产业布局，分别建成10万亩有机蔬菜基地、万亩优质水果基地、万亩两茶（高山茶、油茶）基地和万亩凉粉草基地等，为农民和贫困户增收脱贫夯实了产业基础。同时，针对贫困户具体情况，分别采取就业扶贫、智力扶贫、保障扶贫、安居扶贫等措施，全面解决他们参加医保、子女读书、因病致贫、因病返贫及基本生活保障问题。此外，对"两不具备"（指贫困村的自然环境不具备生产、生活条件）的4个自然村373户，组织他们整村搬迁，使其生产生活条件得到全面改善。随着产业发展和各项扶贫措施的落实，纳入前两轮帮扶的贫困户人均年纯收入显著增长。其中，第一轮帮扶的6112户，2012年人均收入6958元，比2009年增长160%；第二轮帮扶的3553户，2015年人均年收入8659元，比2012年增长206%。在帮扶贫困村、贫困户脱贫的同时，挂扶单位还自筹资金，大力支持贫困村基础设施和民生项目建设。6年间，共援建基础设施类项目905个，民生类项目1080个。其中，修建水渠239.6千米，硬化村道268.1千米，新建自来水工程134宗、文体设施184处、卫生站（室）29个，以及安装路灯，绿化村道，建设污水、垃圾处理设施等，使贫困村面貌大为改观，并涌现了禾溪、秀田、横坑、秋洞、梅南等一批生产发展、生态优良、村容整洁的美丽乡村。

（三）决战脱贫攻坚

2015年冬，中共中央、国务院发布了《关于打赢脱贫攻坚战的决定》，向全党全国吹响决胜扶贫攻坚、全面建成小康社会的冲锋号。省委、省政府根据党中央、国务院的战略部署，制订了《关于新时期精准扶贫精准脱贫三年攻坚的实施意见》，提出全力以赴奋战三年，实现全面脱贫的奋斗目标。为贯彻中央和省的决策部署，2016年初，县委、县政府迅速组织力量，以人均年纯收入4000元以下为贫困线，通过深入调查摸底，初步确定了纳入扶贫攻坚的相对贫困村、相对贫困户，制订了《新时期精准扶贫精准脱贫三年攻坚规划》，决心进一步加强领导，动员全县力量打赢脱贫攻坚战，确保2018年全部贫困村、贫困户实现脱贫，与全省同步全面建成小康社会。

为切实做到精准扶贫，打赢脱贫攻坚战，县委、县政府根据前两轮扶贫不够精准的问题，一是在扶真贫上下功夫。为了精准识别扶贫对象，通过自下而上的民主评议，把扶贫对象名单多次张榜上网公示，在层层审核把关、群众无异议的基础上，做到符合条件的一个不能少，不符合条件的一个不能进，按照动态管理原则确认纳入脱贫攻坚范围的相对贫困村19个、相对贫困户3406户8517人（含面上村2616户6507人），并为被确认为帮扶对象的贫困户建档立卡，确保扶贫项目、资金和帮扶措施到户到人。二是在真扶贫上加大力度。由于这次扶贫攻坚的对象，多为贫困程度深、脱贫难度大的"硬骨头",为如期实现脱贫目标,除省、市向9个贫困村派驻帮扶工作队和第一书记,对口帮扶单位东莞市向10个贫困村派驻工作队外,还从县直机关选派得力干部到东莞市帮扶的10个贫困村担任挂扶村第一书记,切实加强扶贫攻坚的组织领导;同时通过整合挂扶单位资金,加大投入,确保扶贫项目顺利实施,扎实推进。三是结合扶贫攻坚推进新农村建设。2017年,按照省委、省政府统一部署,将省定19个贫困村列为社会主义新农村建设示范村,通过集中使用省专项资金,以综合整治农村人居环境为抓手,大力推进新农村建设,争取在3年内把19个贫困村初步建设成为"产业兴旺、生态宜居、乡风文明、治理有效、生活富裕"的社会主义新农村,从根本上改变贫困村面貌。

按照县委、县政府的规划部署,一个全党动员、全民参与,规模、力度空前的脱贫攻坚战迅速在全县展开。挂扶单位继续以产业扶贫为主攻方向,从对口帮扶村实际出发,积极引导和支持贫困户和村民发展有当地特色的主导产业,分别建立了一批蔬菜、水果、茶叶及畜牧水产种养基地,为贫困户和村民增收打下产业基础。此外,还根据贫困户不同情况,因户施策,因人施法,分别采取不同的帮扶模式和帮扶措施,支持他们发挥所长,增加收入。其中,对没有劳动能力的贫困户,通过社会参与、政府兜底的办法,全面解决他们的医保、五保及"低保"问题,确保贫困户"两不愁三保障"(不愁吃、不愁穿,义务教育、基本医疗、住房安全有保障)的实现。经过4年脱贫攻坚,至2019年,全县19个省定贫困村集体经济收入从3万元增加到10万元以上,全部达到贫困村出列标准,人均可支配收入18617.74元,高于当年全省农村居民可支配收入的60%。全县纳入精准帮扶的建档立卡贫困户3256户、8371人,有3238户、8322人实现脱贫,脱贫率为99.45%,其中有劳动能力贫困户人均可支配收入16427.95

元，高于当年全省农村居民可支配收入的45%。与此同时，通过全面开展"三清三拆一整治一美化"，19个贫困村新农村示范村建设已经取得显著成效，正在按规划有序推进。

在大力开展扶贫攻坚、消除贫困的同时，县委、县政府按照中央和省、市的决策部署，积极推进社会保障体系改革。1985年以来，在实行劳动保险由企业承担向社会统筹的改革后，逐步把职工养老保险与社会养老保险并轨，建立和完善了"企业不分性质、个人不分身份、户籍不分城乡"，由社会统筹、政府兜底的城乡居民基本养老保险制度和城乡居民基本医疗保险制度，并在继续实行农村五保制度的基础上，建立了城乡居民最低生活保障制度，实现了社会保障从企业职工向城乡居民的全覆盖。至2018年，全县参加城乡居民基本养老保险有85008人，参加城乡居民基本医疗保险有207345人，实现了应保尽保，使城乡居民基本生活得到充分保障。与此同时，按照国家有关政策规定，逐年提高企业退休人员养老金，以及城乡居民基本养老、基本医保标准，使城乡居民基本生活保障水平随着经济社会发展逐步提升，共享发展成果。

五、推进精神文明建设

（一）与时俱进开展精神文明建设

改革开放之初，党的十二大提出建设社会主义精神文明的战略任务，确定了"两手抓，两手都要硬"的战略方针。按照党中央部署，为加强精神文明建设的领导，1983年9月，成立了新丰县精神文明建设委员会，由县委书记任主任，县委宣传部部长任副主任，县直职能部门及工、青、妇主要负责人为委员，下设立专门办公室（简称文明办），具体负责全县精神文明建设的组织实施。

为全面推进精神文明建设开展，各乡镇及县直机关、企事业单位也分别建立由"一把手"负总责，一级抓一级，各部门齐抓共管的领导体制和工作机制。在这个基础上，县委、县政府坚持把精神文明建设的目标、任务纳入全县经济社会发展总体规划，做到"两个文明"一起部署、一起落实、一起考核，促使各级党政领导班子提高"两手抓"的自觉性，切实加强对精神文明建设的组织领导和工作力度，把精神文明建设不断向前推进。

在精神文明建设中，县委始终坚持"以人为本、重在建设"的方针，把提高人的思想道德素质和社会文明程度作为重点，不断创新形式、拓展领域、丰富内涵，与时俱进地引导广大干部群众坚定理想信念，提升道德素养，凝聚社会正能量，弘扬时代新风尚，为社会主义现代化建设提供精神力量。

20世纪80年代，根据中央宣传部《关于开展文明礼貌活动的通知》精神，在全县城乡组织青少年和干部群众广泛开展以"五讲四美三热爱"为内容的文明礼貌活动，并把每年3月定为"全民文明礼貌月"。在活动中以整治脏、乱、差为突破口，发动群众大搞环境卫生，整顿社会秩序，倡导文明行为，改善服务态度，使城乡卫生面貌、治安秩序和社会风气明显好转，促进了安定团结。同时以中小学校为重点，组织青少年深入开展"学雷锋、树新风"活动，引导他们以雷锋为榜样，从小事做起，从自我做起，努力学习、奋发向上，争做"四有"新人。与此同时，从1984年开始，以创建文明单位为主要形式，在农村以"思想教育好、执行政策好、遵纪守法好、完成任务好、环境卫生好"为标准，开展文明村镇创建活动；在县直机关、企事业单位以"班子建设好、思想工作好、生产业务好、行业风气好、阵地建设好、环境卫生好"为标准，开展文明单位创建活动；在街道以"组织机构健全、社会风气良好、治安秩序安定、为民服务便利、文化设施完善"为标准,开展文明社区创建活动,并通过各级妇女组织,以"遵纪守法好、计划生育好"为标准,在全县城乡广泛开展文明家庭创建活动。通过文明创建活动,使精神文明建设化虚为实,与各部门、各单位工作业务结合起来,逐步实现由突击迎检向日常管理转变,由一般号召向量化考核转变,由上推下动向上下联动转变,促进了精神文明建设持续开展。

20世纪90年代初,以贯彻《爱国主义教育实施纲要》为主题,把爱国主义教育与热爱新丰教育结合起来,连续多年在全县广泛开展爱国爱乡教育。通过组织"百歌颂中华",开展"我为建设新丰献计谋"征文活动,引导广大干部群众把爱国爱乡热情转化为扎根新丰、建设新丰的实际行动,较好地解决了当时因行政区划变动(新丰从广州市划归韶关市管辖)引发的人心思走、人才外流问题,坚定了各级干部、知识分子扎根山区、建设新丰的信心和决心。在20世纪90年代中后期,结合贯彻《公民道德建设实施纲要》,深入进行社会公德、职业道德、家庭美德和社会主义荣辱观教育,引导人们在市场经济条件下,发扬中华民族传统美德,抵制拜金主义、享乐主义和极端个人主义影响,努力践行"爱国、守法、诚信、知礼"公民基本道德规范。与此同时,通过工、青、妇等群团组织,在工人、妇女和青少年中广泛开展文明企业、巾帼文明岗、青年文明号以及青年志愿者、文明小天使等活动;通过街企共建、军民共建、警民共建等形式,开展文明示范社区、文明示范窗口、文明经营户创建活动,使精神文明建设形式多样,生动活泼,内容丰富,常搞常新。并从1998年起,为纠正行业不正之风,在县直机关及窗口行业单位,分期分批组织开展行业行风建设评议活动。

进入21世纪后,县委、县政府继续以纠正行业不正之风为重点,深入推进行业行风建设。通过单位自查、群众评议监督,针对存在问题，着力解决县直机关及窗口行业单位"两谋"（以权谋私、以职谋利）、"三乱"（乱收费、乱摊派、乱罚款）、"四难"（门难进、脸难看、话难听、事难办）问题，增强为人民服务意识，制订和落实为民、便民、利民措施，树立行业新风。并举办"讲廉洁、守规范、树形象"行业行风建设优胜杯竞赛活动，把行业行风建设不断引向深入。通过加强员工职业道德培训，建立健全社会监督制度，完善群众评议机制，促进各行各业不断提升为民服务水平。

（二）推进群众性精神文明创建活动深入开展

党的十八大后，县委、县政府在精神文明建设中，认真贯彻落实以习近平同志为核心的党中央作出的一系列重要部署，坚持大处着眼、小处着手，把群众性精神文明创建活动持续向纵深推进。

一是深化社会主义核心价值观教育，构筑共同思想道德基础。2012年，县文明办制定了《新丰县组织推动培育和践行社会主义核心价值观工作实施方案》，把培育和践行社会主义核心价值观，作为打造凝心聚气、强基固本的基础工程来抓。其一，大力营造弘扬社会主义核心价值观的社会氛围。通过组织宣讲活动，举办专题讲座，用科学、生动、富有感染力的解读，帮助大家全面准确把握社会主义核心价值观的基本内涵和时代意义，加深对社会主义核心价值观的理解和认同，增强践行社会主义核心价值观的自觉性；并在交通要道、大街小巷、公园广场、车站医院、村口地头设置展示社会主义核心价值观的宣传标语、公益广告和城市景观；在互联网上，通过政务网站、公众微博，发布有关学习践行社会主义核心价值观的信息，让社会主义核心价值观的影响无处不在，融入百姓日常生活。其二，组织开展丰富多彩的实践活动，扎实推进社会主义核心价值观建设进学校、进机关、进企业、进社区、进农村，引导大家从自我做起、从现在做起、从日常生活做起，努力践行社会主义核心价值观。其三，结合传统节日，开展"我们的节日"主题活动，通过讲传统、讲典故、讲美德，传承优秀传统文化，让春节、元宵、清明、端午、中秋、重阳等传统节日成为爱国节、文化节、道德节、情感节、仁爱节，引导人们继承和弘扬中华民族传统美德，构筑共同的精神家园。

二是扎实推进文明创建，提升人民群众获得感。近几年来，按照县委、县政府的部署，文明城市、文明村镇、文明单位、文明校园、文明家庭创建活动继续扎实推进。2013年，县文明办制定了《新丰县创建广东省文明县城实施方案》，加大政府投入，动员广大市民积极参与，全面实施县城整治提升工程。通过迁建城区国道105线、改造美化市内街道、打造沿江绿化景观、完善文化体育设施和后山公园休闲设施，以及开通城区公交、整治市场经营秩序等，为广大市民提供了更加美丽整洁的生活环境、规范有序的社会秩序和便捷高效的公共服务，从而促进了市民文明素质，城市文明程度、文化品位和生活质量的提升。既顺应了人民群众对美好生活的向往，又让广大市民从身边看得见、摸得着的变化中拥有了更多获得感、幸福感，在思想上增强了"四个自信"。在农村结合扶贫攻坚，以建设美丽乡村为主题，继续推进文明村镇创建活动。在加快产业发展，帮助农民增收脱贫的同时，通过综合整治农村人居环境，许多村庄实现了环境净化、绿化、美化，拥有了各种文化、体育、卫生、休闲设施，让广大农民在工余饭后也能享有城里人那样的美好生活，从而感受到党的惠民政策的温暖，更加坚定其爱党、爱国、爱社会主义的信念。在学校，通过坚持周一举行升国旗、唱国歌仪式，着力培养少年儿童爱国主义情怀；组织优秀传统文化、红色文化进校园，举办书画比赛、体育比赛，开展"我读书，我文明，我快乐"征文活动等，引导青少年读好书，学英模，做好公民，从小培养有梦想、爱学习、爱劳动、爱祖国的良好品德，使文明校园创建活动水平不断提升。在各行各业，通过着力提高员工素质，涵养职业操守，培育职业精神，完善规章制度，树立行业新风，提升了文明单位创建水平。在家庭，通过开展"讲家风、传家训"和评选"最美家庭"等活动，进一步促进爱国爱家、和睦相亲、孝老爱幼、崇德尚善、共建共享新风尚的形成。

三是发展志愿服务，凝聚社会正能量。2014年，县文明办、县团委根据中央文明委《关于推进志愿服务制度化的意见》，制定了《推进志愿服务制度化实施方案》，把志愿服务与学雷锋有机结合，以行业、社区为单位，以青年为主体，带动社会各界积极参与，积极发展志愿服务组织。先后成立了新丰县青年志愿者协会、新丰县个体私企志愿者协会，建立相关管理制度，加强对志愿服务的指导和管理，促进了志愿服务制度化、常态化发展。6年来，按照志愿者的专长和志趣，分别在工业和交通、农业、卫计、公安、教育等行业以及城市社区，组建了青年志愿服务队、巾帼志愿服务队20多支，拥有志愿者11400多人，基本涵盖了各个领域。他们立足本职，面向社会，用爱心和专长在社会治理、扶危济困等方面为群众提供服务，成为传递爱心，凝聚公益友善正能量，促进社会文明进步的一支重要力量。

四是坚持开展道德实践活动，推进公民道德建设。2012年以来，继续以贯彻《公民道德建设实施纲要》为指导，采用多种形式，坚持开展道德实践活动，把公民道德建设推向深入。其一，加强道德宣传。通过设立"道德讲堂"，印发公民道德规范宣传手册等，让公民道德规范的基本要求广为人知，为大家践行公民道德提供遵循。其二，组织道德践行活动。通过开展"忠心献祖国，孝心敬老人，爱心献社会，关心送别人，信心留自己"活动，引导大家从小事做起，从自我做起，努力践行公民基本道德规范，不断提升自身道德素质。其三，加强诚信机制建设。通过设立信用信息数据库和公示平台，定期发布信用"红黑榜"，健全守信激励、失信惩戒机制，促使人们养成诚实守信的美德。其四，加强革命传统教育。通过大力宣传红军早期领导人李任予为中国革命南北转战、英勇献身的精神和品德，引导大家传承红色基因，树立为社会主义事业勇于奉献的精神。其五，组织"新丰好人"评选活动。2013年以来，通过面向城乡基层，各行各业，按照相应条件和程序，开展"新丰好人"推荐评选活动，已评选出"新丰好人"40人。他们中既有助人为乐、见义勇为的典型，也有诚实守信、敬业奉献、孝老爱幼的模范，他们的感人事迹为人们树立了践行公民道德规范的标杆，在道德建设中起到了引领作用。如马头镇大陂村原村委会委员黄罗保，为扑灭山火而牺牲，被追认为共产党员和"新丰好人"。他奋不顾身保护人民生命财产安全的壮举，正在成为鼓舞全县人民为实现乡村振兴，全面建成小康社会而努力的精神动力。

第四节 城乡协调发展

一、加快县城发展

（一）多措并举，加快县城发展

自南齐永明元年（483）设置新丰县以来，县城几经变迁，至明万历元年（1573）始迁建于现址。虽是千年古县，但由于地处群山之中，交通闭塞，经济落后，至1949年新丰解放时，县城只是一个面积0.5平方千米，人口仅千余的山区小镇。城内3条小街宽约6米，总长不到400米，除沿街商铺为砖木骑楼外，多为低矮民居，既无电灯、电话，也无自来水等市政设施，几乎与乡村圩镇一个样子。

中华人民共和国成立初期，百废待兴，县城建设基本是修修补补，大多数机关、单位办公用房都是因陋就简，利用旧民居改建而成。直至20世纪60年代初，随着经济恢复和各项事业发展，县城建设开始起步，陆续延伸、拓宽了街道，新建了一些现代楼房建筑。至1978年，城区面积扩展到约1平方千米，人口仍不足1万。

改革开放后，随着经济社会快速发展，县委、县政府把加快县城建设提上议事日程。1983年，通过邀请省、市专家编制《新丰县城建设总体规划》（下称《总体规划》），开始有计划、有步骤地组织县城建设，从而拉开了县城快速发展的序幕。

在加快县城建设的过程中，县委、县政府始终坚持规划先行的理念。为了使县城布局、功能配置、市政建设以及新城区开发、旧城区改造更加合理、完善，1990年又组织专家、学者对1983年编制的《总体规划》进行修订，并通过县人大常委会制定颁布关于县城建设规划实施细则，明确规定任何单位、个人的建设行为，必须在《总体规划》范围内进行，从而确保了县城建设规划的贯彻执行，使规划蓝图逐步变成现实。在坚持规划先行的同时，县委、县政府从山区贫困县实际出发，解放思想，放宽政策，动员和依靠各方面力量加快县城建设。一是组建房地产公司，推进新城区开发。1984年，通过成立县建设开发公司，率先在城南新区实施房地产开发，兴建了第一批商品房，并出台相关优惠政策，鼓励农民进城购房入户；接着又相继组建万丰、二建、市政等多家公司，参与城西、城东、沙塘、万丰坝、会前坝等新区开发。1990年后，县政府进一步放宽政策，积极吸纳民间资本和引进外来资本进入房地产市场，使新区开发规模不断扩大，加快了城市化发展。二是支持机关单位建房，加快旧城区改造。从1983年开始，在县政府引导支持下，县直机关单位积极自筹资金，改建或新建办公楼宇、职工住宅，加快了旧城区改造。三是鼓励私人建房，加快城市扩张发展。1984年起，县政府逐步放宽私人建房政策，鼓励城镇居民、进城农民在规划范围内利用自有宅基地或购置出让土地自建私房，使县城规模迅速扩大。随着城市化的推进，相继建成了交通大厦、银山大厦、金叶大厦、邮电大楼等高层楼宇，以及购物中心、客运大楼等大型建筑，改写了新丰没有高层建筑的历史。与此同时，市政部门多方筹资，大力加快市政设施建设，逐步完善了县城供水、供电、排水及交通等设施，并建成长达9.6千米、宽60米的丰城大道，为县城增添了现代城市风采。经过10多年的建设发展，至20世纪末，县城从一个人口不到1万的山区小镇，发展成为人口5万多，初具规模的现代山城。1998年被评为广东省首届"岭南杯"县城建设达标单位，成为全省县城建设标兵之一。

（二）综合整治，提升城市品位

进入21世纪后，为进一步拉大县城框架，县委、县政府邀请中山大学城市与区域研究中心专家、学者，对《新丰县城建设总体规划》再次进行修编，把东起象岭、西至紫城、北起东瓜坑和南至丰江南岸的松园、黄陂、会前、龙围纳入城区总体规划，调整了规划区的功能定位。同时，不断加大招商引资力度，吸引外来投资和继续鼓励民间资本参与县城开发建设。随着一批外地有实力、有资质的房地产企业入驻，以及本地民资的积极参与，县城建设从快速扩张逐步向品位提升转变。陆续建成了丽江北苑、新丰江畔、名汇花园、中心洲度假村等一批高档住宅小区，逐步提升了县城的城市品位。伴随县城建设快速发展，市政建设力度不断加大，先后新建了自来水二厂、污水处理厂，并对县城丰江河段进行综合整治。通过修筑防洪堤、疏浚河道、修建排涝设施和调节水闸等，改变了过去"有岸无堤"状况，既提高了县城防洪排涝能力，又让县城增添了山水秀色。为解决居民看病就医、子女就读以及市内交通、休闲问题，改建扩建了县人民医院、中医院及妇幼保健院；新建了第三小学、第三中学及设施一流的新丰一中新校区；同时改建扩建了县城出口公路，在丰江河上新建了万丰、松园、龙围等多座桥梁，在丰江北岸修建了绿色休闲长廊；此外，还新建了府前中心广场、任子广场以及文化馆、博物馆、体育馆、青少年宫、体育广场等，使县城城市品位逐步提升。

党的十八大后，为适应经济社会快速发展，满足人们对美好生活的向往，县委、县政府把建设美丽宜居县城作为城市建设的重点。通过引进碧桂园等知名房企，在紫城、城西、罗洞、黄陂等规划区内，新建了碧桂园、滨江国际城、隆城花园、奥林匹克花园等一批园林式高尚住宅区。特别是2017年以来，县委、县政府针对县城在快速发展中存在的突出问题，决定用三年时间开展县城整体提升工作，按照既要"补短板"又要"抢高点"，实现绿色宜居的理念，精心规划，全面实施城市交通提升、城市功能提升、城市景观提升三大系统工程。两年来，在全城上下共同努力下，县城整体提升已经取得重大进展。一是迁建城区G105国道，加宽改造新龙大道，新建黄陂大道，打通沿江两岸"断头路"和开通城区公交，缓解了市内交通压力，方便了人们出行。二是实施"一江两岸"环境整治，基本完成了丰江北岸景观带改造，实现了美化亮化；在丰江南岸改建、新建了碧水公园、儿童公园，并加紧进行南岸景观带和文化广场的建设。三是全面改造城区街道，设置人行道花箱隔离带，使市内街道倍加整洁，丰城大道更是顺畅、壮观。四是加强市场建设，先后建成西门肉菜市场、东门肉菜市场、南门三鸟市场和东盛商业广场，使城区营商环境大为改善。五是实行建管结合，大力加强城市管理。通过理顺城管执法体制，加大执法力度，拆除违章建筑，整治占道经营、沿街摆卖以及乱停乱放车辆、乱扔乱倒垃圾现象，逐步建立起良好的交通秩序和市场经营秩序，为市民提供了更加整洁、舒适的生活环境，使县城面貌日新月异，城市品位全面提升。

沐浴着改革开放的春风，新丰县城实现了历史跨越。昔日的偏僻小镇发展成为一座高楼林立、风光秀丽的现代山水城市，犹如一颗璀璨的明珠，镶嵌在云髻山下、丰江岸边。2018年，县城城区面积达到9.3平方千米，常住人口8万多，分别比1978年扩大了18.6倍，增长了7.2倍。如今，漫步县城街头，那宽敞整洁的街道、南来北往的车流，繁华喧闹的商场、衣着时尚的行人，以及夜幕降临后缤纷如幻的霓虹彩灯、波光潋滟的丰江河畔，无不展示着现代城市的魅力，令人仿佛置身于都市之中。然而，更让人期待的是，随着县城整体提升三年行动计划的全面完成，新丰县城将更加美丽宜居，更加风采迷人。

二、推进新农村建设

（一）开展新农村建设试点

千百年来，由于地处群山之中，经济欠发达，新丰农村几乎都是泥砖土屋、茅棚草舍，且人畜混居、脏乱不堪，居住环境极为恶劣。

中华人民共和国成立后，在相当长一段时间里，由于经济发展相对落后，新丰农村面貌鲜见变化，基本上还是老屋、老路、老村落。

改革开放后，随着经济发展，生活改善，一些先富裕起来的农民开始陆续兴建小楼房。特别是20世纪末至21世纪初，在县委、县政府号召下，新丰农村掀起了大建"奔康房"热潮，到处大兴土木，建起了一幢幢新楼房。然而，由于缺乏总体规划和引导，至2005年，全县虽有七成农户建了新房，但往往是"只见新楼、难见新村"。在许多村庄里，新楼旧屋混杂，村道狭窄泥泞，村内垃圾遍地、杂草丛生，刮风下雨时，更是污水横流，臭气熏天，脏、乱、差现象尚未得到改变。

2005年，党中央提出建设社会主义新农村号召后，县委、县政府逐步加强对新农村建设的领导。通过设立专门机构，对农村建房及农田水利、道路交通等基础设施建设进行规划和指导。

2010年后，随着扶贫开发"双到"工作实施，在省直及东莞市挂扶单位大力支持下，先后在梅坑镇禾溪村、马头镇秀田村、丰城街道横坑村，开展社会主义新农村建设试点。通过发展当地特色产业，在壮大村级集体经济，帮扶贫困户脱贫的同时，发动村民全面整治村容村貌，改善人居环境，搞好村道硬底化、环境美化、公共卫生和文体设施建设，使这些村的新农村建设初见成效。其中，秀田村更是成为全县新农村建设的样板。秀田村位于新丰江畔，田少山不多，资源比较贫乏，长期处于贫困状态。2012年，省委办公厅扶贫工作组进村后，在加强村党支部建设的基础上，一方面，狠抓扶贫"双到"规划落实，通过成立蔬菜、杨梅等专业合作社，采取土地入股，"基地+农户"等形式，组织贫困户和村民入社参股，建设蔬菜基地500多亩，杨梅基地100多亩，培育了本村的特色产业，并利用独特的自然资源，打造古树公园，发展乡村旅游业。又在马头街购置物业，开展租赁业务等，为贫困户脱贫、村民增收和壮大村集体经济打下基础，也为新农村建设提供了产业支撑。另一方面，从整治脏、乱、差着手，大力改善人居环境。通过拆除废旧房屋、厕所，清理垃圾污泥，村道硬底化，广种花草，安装路灯，设立垃圾收集点，以及建设公厕、污水处理设施和卫生站、电商平台、农家书屋、文体广场等，使村容村貌焕然一新。与此同时，通过成立村民理事会、志愿者促进会等民间组织，加强普法教育，完善乡规民约，开展纠纷调解、治安巡逻、卫生监督、助残济困和移风易俗等志愿服务活动；通过举办村史展览、组织文化体育活动等，凝聚社会正能量，促进乡风文明和社会和谐。仅3年时间，秀田村就实现了全面脱贫，2015年人均年收入12076元，村集体收入21.16万元，分别比2012年增长2倍多和7倍多，基本达到"产业兴旺、生态宜居、乡风文明、治理有效、生活富裕"的总体要求，成为全县社会主义新农村建设的先进典型。秀田村的巨大变化，既让人们看到了新农村建设的美好前景，更增强了广大干部群众建设新农村的信心。在县委的引导和组织下，各镇（街）从2015年起，也分别选择1~2个村开展新农村建设试点。然而，作为山区贫困县，县、镇两级对试点村建设的投入毕竟有限，加上规划滞后，措施不力，试点村的新农村建设普遍存在起点低、进展慢、随意性大等问题。

（二）稳步推进新农村建设

2017年，在全面推进脱贫攻坚的同时，县委、县政府认真贯彻落实省、市关于开展农村人居环境综合整治，建设社会主义新农村的部署，成立了以县委书记为组长、县长为常务副组长、县分管领导为副组长、相关职能部门负责人及镇（街）党（工）委书记为组员的社会主义新农村建设和农村人居环境综合整治领导小组，下设多个专职工作小组，分别负责各项整治、建设任务的组织实施；安排县四套班子领导成员挂钩办点，靠前指挥，并建立相应的议事制度和工作机制，切实加强了对新农村建设的组织领导。在这个基础上，通过深入调研，精心策划，确立了"规划先行，整体推进，示范带动，体现特色"的思路。并制订了关于全域推进农村人居环境综合整治，建设社会主义新农村的工作方案，提出到2025年把全县141个行政村、814个自然村全部建设成为社会主义新农村的奋斗目标。

为扎实有序推进新农村建设，县委、县政府着力抓好四个方面的工作。一是坚持规划先行。委托专业机构编制全县141个行政村、814个自然村新农村建设规划。其中，省定19个示范村规划已于2017年编制完成；37个先行试点村和其他85个行政村规划也于2018年编制完成，为分步实施、整体推进新农村建设奠定了基础。二是充分发挥村民主体作用。通过多种形式、多种渠道，广泛宣传新农村建设的目的、意义，引导广大村民充分认识建设新农村是全面建成小康社会、促进城乡协调发展、实现乡村振兴的需要，提高村民参与新农村建设的主动性、积极性；并成立村民理事会参与新农村建设的决策和管理，充分发挥村民在新农村建设的主体作用。三是组织"清拆"统一行动。以综合整治农村人居环境为突破口，以省定示范村、先行试点村为重点，在全县组织开展规模空前的"三清三拆三整治一美化"统一行动，使新农村建设初见成效。四是统筹加大资金投入。在保证省专项资金按时足额到位的前提下，积极争取省挂扶单位资金支持和发动乡贤、村民捐资，加大对新农村建设的投入。通过采取以上措施，在各级党委、政府主导下，在广大村民积极参与下，全县迅速掀起了建设社会主义新农村热潮，农村面貌发生了前所未有的变化。

为了全面改善农村人居环境，从2017年5月起，在县委、县政府统一部署下，全县组织开展了大规模的"三清三拆三整治一美化"突击行动。通过全面清理经年累积的垃圾、杂物、淤泥及污水沟、臭水池，拆除危房旧屋、违章建筑及废弃猪牛栏、茅厕等，初步改变了农村"脏、乱、差"状况。在这个基础上，大力推进"三整治"，通过建立卫生保洁机制、垃圾收集处理机制，实施厕所改造、污水处理及人畜分离等，巩固了"三清三拆"成果。与此同时，全面推进环境美化，通过实施山水林田路综合治理，营造风景林、水源林，搞好村道硬底化、绿化、亮化，美化农家庭院及房前屋后，建设休闲公园、公共绿地、环村绿道及文体广场等，着力打造"村在林中、人在景中"的美丽乡村。"三清三拆三整治一美化"行动的开展，既改善了村民居住环境，又为村民休闲娱乐提供了条件，让他们在工余饭后也能享受城里人那样的文化生活。

在新农村建设中，各镇（街）、村坚持在促进乡风文明上下功夫。一是成立村民理事会，发挥乡贤骨干作用和村民主体作用。通过参与新农村建设的决策和管理，引导村民把"要我建"变为"我要建"，提高建设新农村的主动性。二是完善村规民约，倡导守法遵规。通过制定和完善村规民约，规范村民行为，引导村民明是非、知荣辱、讲诚信、守规矩，提高守法遵规自觉性。三是开展志愿服务活动，弘扬社会正气。通过成立志愿者组织，开展治安巡逻、卫生监督、助残济困、移风易俗等志愿服务活动，引导村民走正道、做好人，促进乡村和谐，弘扬社会正能量。四是开展革命传统教育，传承红色基因。通过挖掘整理当地红色人文资源，开展村史、革命史教育，引导村民崇尚英雄，发扬革命传统，为新农村建设多作奉献。五是开展文体活动，提倡文明生活方式。通过组织唱歌、跳舞、打球、跑步以及读书、下棋、摄影等文体活动，引导村民陶冶身心，培养高尚生活情趣，自觉抵制"黄、赌、毒"等丑恶现象。六是深入开展扫黑除恶专项斗争，严厉打击"村霸"等黑恶势力，强化法治、伸张正义，增加人民群众安全感。随着这些活动的持续开展，乡村文明日臻进步，社会正能量不断上升。如在"三清三拆"行动中，许多村民对纳入清拆范围的危房旧屋、作物、竹木都主动让出，不仅没有发生过去那种为了一寸土、一棵树、一丛竹甚至一棵菜无理取闹、高价索赔的现象，而且积极参加清拆行动。如今，与邻为善、守望相助、见义勇为、争做好人正在农村渐成风气。

随着新农村建设的开展，乡村振兴正在全县农村稳步推进，涌现了一批各具特色的先进典型。沙田镇下埔村以党建为引领，通过加强党支部建设，充分发挥党支部战斗堡垒作用和党员先锋模范作用，团结带领全村群众发扬老区自力更生、艰苦创业精神，在发展特色产业，实现脱贫攻坚的同时，家家动员、人人参与，大搞新农村建设，把昔日贫穷破旧的小山村，建设成为生机勃勃、欣欣向荣的新农村，走出了一条依靠群众力量推动乡村振兴的发展之路，孕育了"不等不靠，没钱也要干"的"下埔精神"。黄礤镇营盘村以产业为导向，通过引进农业龙头企业，成立农民专业合作社，采取土地入股等形式，组织村民参与产业发展和经营，先后建立了佛手瓜、樱花、高山茶、油茶、番薯等产业基地，全村人均种植面积达到3亩，为新农村建设提供了雄厚的产业基础，形成了以产业支撑乡村振兴的"营盘模式"。遥田镇江下村大力传承红色基因，把北江第一支队成立旧址打造成为古木参天、花红草绿的红色公园，带动了乡村旅游发展，促进了乡村振兴。正是在这些榜样的示范带动下，全县各地新农村建设你追我赶，方兴未艾。

经过多年持续推进，新丰社会主义新农村建设虽然取得了重大进展，初步建成了一批富裕文明的社会主义新农村，但也存在发展不平衡不充分的问题。党的十九大后，县委、县政府决心在习近平新时代中国特色社会主义思想指引下，全面贯彻实施乡村振兴战略，针对存在问题精准发力，真抓实干，按照"产业兴旺、生态宜居、乡风文明、治理有效、生活富裕"的总体要求，带领全县人民把新农村建设不断向前推进，为实现农业强、农村美、农民富的乡村振兴努力奋斗。

三、创建生态文明

（一）治山治水，恢复自然生态

新丰县山多林密，生态优美。然而，作为广东省重点林区，在相当长一段时间里，每年需采伐数万方木材支援国家建设；

"大跃进"时，又大量砍伐林木烧炭大炼钢铁；"文革"期间，更是乱砍滥伐严重。经过这样的过量采伐，新丰境内原始森林几乎被砍光，造成荒山残林增多、森林覆盖率下降、水土流失加剧，一度出现了山溪断流、河水锐减、生态环境日益恶化的严峻局面。

1985年，省委、省政府提出十年绿化广东的号召，县委、县政府及时作出《关于加快造林绿化步伐，尽快绿化新丰的决定》，提出奋战五年基本绿化全县宜林荒山、全面恢复森林生态的目标。为实现这一目标，该决定明确要求：（1）全面落实党的林业政策，确定山林权属，充分调动广大农民造林营林积极性，鼓励和支持专业户、重点户承包荒山造林；（2）实行用材林与经济林并举，因地制宜，把大搞造林绿化与大种水果结合起来，发展松、杉、杂、果混交的立体林业；（3）坚持以封山育林为主，实行封、管、造相结合，全面落实全封山、半封山管理责任制，健全护林防火乡规民约，严禁偷砍滥伐，防控山林火灾；（4）严格控制年度木材砍伐量，全面推行改燃节柴，减少林木消耗；（5）建立各级领导干部造林绿化责任制，办好造林绿化示范点，发动群众搞好城镇、村庄周围和公路沿线植树绿化。按照县委、县政府的部署，从1986年起，全县迅速掀起大搞荒山造林和实行封山育林的热潮。经过五年努力，全县完成造林65.6万亩，基本绿化了宜林荒山，加上严格实行封山育林，森林生态逐步得到恢复，1992年成为全省绿化达标县。

2003年，随着森林生态的恢复，新丰被确定为全国生态示范区建设试点县。为搞好生态示范区建设，成立了由县委书记、县长任正、副组长的生态建设领导小组，在加强领导、深入调研的基础上，根据全县森林生态基本恢复的实际情况，在继续加大森林保护力度的同时，把治理新丰江水污染作为生态建设的重点。新丰江自西向东流经县境中东部，每年流量占新丰江水库总库容的43%，是东江深港供水工程的重要水源。多年来，随着经济社会发展，沿岸生态植被破坏严重，工业废水、生活污水逐年增多，致使江水经常浑浊不堪，水质恶化，一度成为香港媒体和民间人士关注的焦点。为了让新丰江重现一江清水，更为了深港居民饮水安全，县委、县政府在地方财政极为困难情况下，坚持生态优先，忍痛割爱，果断关闭了造纸厂、硅铁厂、染织厂、电镀厂、塑胶厂等一批骨干企业，全面停止了瓷土开采，在招商引资中婉拒了50个涉污项目；并多方筹措资金，在县城建成污水处理厂（一期），从而减少了工业废水、生活污水的直接排放。同时发动群众大力营造水源林，在沿江两岸广种竹子，恢复植被，治理水土流失。经过多年综合治理，新丰江水终于日见清澈，水质恶化逐步得到遏制。在治理新丰江的同时，县委、县政府进一步建立和完善有关生态保护的政策法规，并制定了《新丰县生态环境保护规划纲要（2006—2020）》，提出了"四十二项环保指标""五大建设任务"和"五大保障措施"，积极破解产业发展、园区建设带来的环保问题，努力探索推动经济社会与生态环境协调发展的道路，从而较好地处理了经济发展与生态保护的关系，既加快了经济发展，又实现了生态环境持续向好，全县森林覆盖率稳步上升，境内江河水质不断改善。

（二）全面推进国家重点生态功能区建设

党的十八大后，县委、县政府根据党中央关于五个总体布局的战略部署，全面推进生态文明建设。其间，鲁古河库区被确定为国家湿地公园，新丰县被纳入国家重点生态功能区。这既使县委、县政府深感责任重大、使命光荣，又使县委、县政府更加坚定了生态优先、绿色发展理念。为更好地统筹协调生态保护与经济发展的关系，全面推进生态文明建设，2016年成立了县生态与环境工作委员会，下设节能减排、环境综合整治、绿色建筑发展等多个工作小组，进一步加强对生态文明建设的组织领导和统筹协调。在编制"十三五"规划时，坚持把发展绿色低碳经济作为优先选项，力求在发展中将生态优势转化为经济优势。按照这一发展思路，结合新丰的自然状况、资源禀赋和发展基础，把县域东部划为生态产业集聚区，集中引进发展生态休闲、健康养生、旅游服务及高新技术等绿色无烟产业；把县域西部划为特色工业集聚区，集中引进发展稀土高新材料、新型建材、风力发电、光伏发电等绿色低碳产业。多年来，按照这一规划，新丰产业发展始终坚持生态优先原则，拒绝引进高能耗、高排放的涉污项目，所引进的项目绝大多数是可持续发展的绿色低碳产业。

在坚持绿色发展的过程中，为了把新丰生态文明建设提升到一个新水平，县委、县政府根据时任中共中央政治委员、广东省委书记汪洋2012年在新丰调研时，要求把新丰打造成为"广东香格里拉"的指示，通过加强组织领导、建立目标责任制、加大资金投入和广泛开展生态环保宣传，引导和动员广大干部群众围绕建设"广东香格里拉"这一目标，全力以赴，继续打好青山、绿水、蓝天保卫战，把生态文明建设不断向前推进。一是优化森林结构，强化生态功能，确保青山常在。2013年以来，为改善森林结构，提升森林质量，强化森林在生态环境的保障功能，在划定禁伐区、加大封山育林力度的同时，积极实行林分改造，大力开展森林碳汇工程建设，种植枫香、木荷、山乌桕、香樟等阔叶林11219公顷，提高了阔叶林的林分占比，改善了森林结构，使森林碳汇功能得到强化。此外，采取"点—线—面"相结合的空间总体布局，积极推进"岭南红叶之乡"建设，以云髻山景区、鲁古河库区为点，以境内公路、河流沿岸为线，以县城及乡镇所在地为面,大力营造以枫树为主的景观林,使红叶之乡建设初具规模。加上积极营造水源林、公益林、城乡绿道建设以及对自然灾害、矿产开采造成的生态破坏进行绿化修复,使森林覆盖率稳步上升。2016年全县有林面积15.4万公顷,覆盖率达到80.8%,稳居全省前列,确保了青山常在。二是继续加大治污力度,改善江河水质,确保清水长流。这几年,通过加大资金投入,新建了横江、马头、回龙等3个污水处理厂及县城雨污分流管网工程,续建了县城污水处理厂二期工程,使污水处理能力大幅提升。结合中小河流整治,全面开展水土流失综合治理,在修筑河堤、清理河床、疏浚河道的基础上,营造流域水源林,绿化沿河两岸,严禁非法采沙和建设涉污项目,较好地控制了水土流失和水质污染。特别是2016年实行"河长制"后,把境内中小河流按属地划分,由当地党政主要领导担任河长,进一步明确和落实了河流管治的目标、责任,强化了保护措施,从而确保了境内江河水质持续改善。其中新丰江水质已经达到国家地表水Ⅱ级以上,重现了"一江清水向东流"。三是开展节能减排,控制大气污染,确保一片蓝天。多年来,为了控制大气污染,在城镇大力推进工业、建筑、交通等领域节能降耗技术改造,淘汰高能耗、高排放、低效益的落后产能和工艺,推广工业废气余热利用和垃圾无害化处理;在农村继续推广改燃节柴、沼气利用,提倡以电代柴、以气代柴,以及建立垃圾收集处理制度等。通过采取这一系列措施,严格控制了二氧化碳、粉尘和烟尘的排放,使大气质量稳定在国家二级标准以上,其中县城更是多年居韶关市最优,保住了新丰的蓝天白云。四是全面开展农村环境综合整治。2013年以来,已经建成各镇(街)农村生活垃圾清运体系,完成6个乡镇饮用水源地保护工程,并加紧实施全县村镇生活污水、生活垃圾处理工程建设,其中已有25个村58套污水处理设施投入使用,使全县饮用水源地水质达标率保持100%。

从1985年绿化荒山以来，经过30多年的坚守和努力，在新丰这片2000多平方千米的土地上，绿水青山就是金山银山理念日益深入人心，生态文明建设正在扎实推进，新丰已经成为珠三角生态屏障和国家重点生态功能区。如今，人们走进新丰，那莽莽林海、滔滔秀水和蓝天白云，无不令人流连陶醉，犹如置身于大自然怀抱之中。党的十九大后，在习近平生态文明思想指引下，县委、县政府进一步确立了生态富民立县战略，正在按照生态产业化、产业生态化的目标，立足国家重点生态功能区定位，坚持践行"绿水青山就是金山银山"发展理念，主动融入北部生态发展区建设，带领全县人民把生态优势转化为产业优势、发展优势，让新丰山更青、水更秀、天更蓝，把新丰真正建设成为"广东香格里拉"。

附　录

革命旧址、文物、纪念设施

一、革命旧址选录

鸭卵塘抗击日军旧址
（位于马头镇）

黄礤镇黄沙坑抗日根据地
指挥部旧址

鸡嫲潭突围战旧址（位于沙田镇龙潭村）

燕子岩突围战旧址（位于回龙镇新村）

二、革命文物

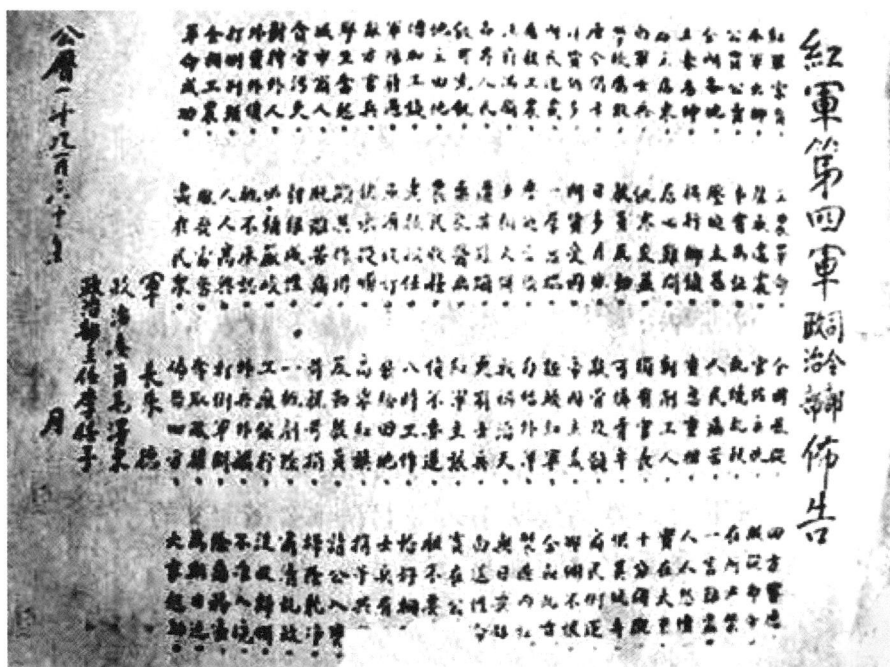

毛泽东、朱德、李任予签署的红军第四军司令部政治部布告（现藏福建省博物馆）

171

1929年李任予制定的《红军第四军
各级政治工作纲领》

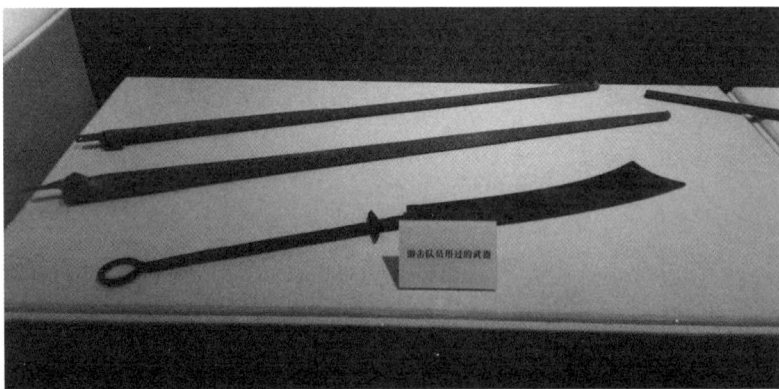

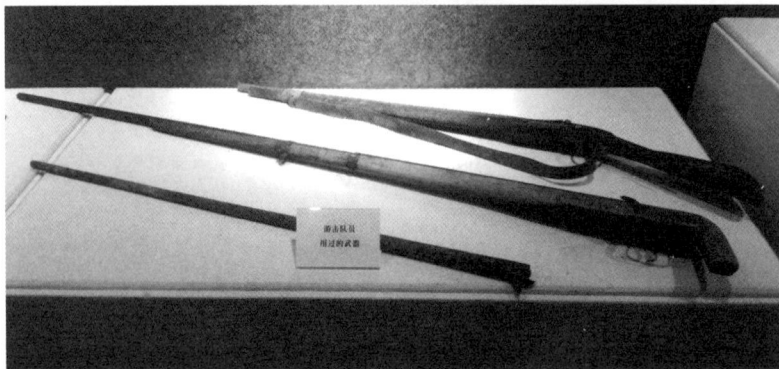

新丰人民抗日游击队队员使用过的武器

江北人民自卫总队军械修理所使用的工具

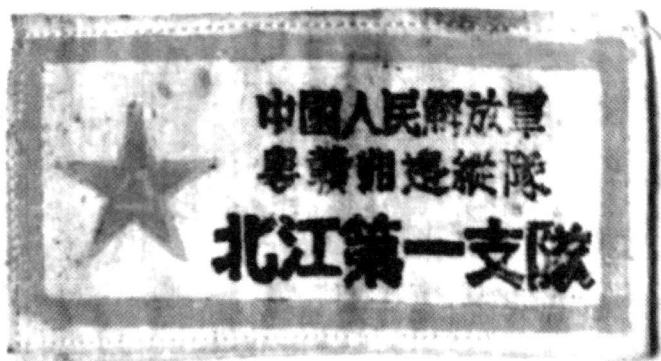

北江第一支队指战员
佩戴的胸章

粤北各县支援解放广州的相关报道

三、红色纪念设施

李任予烈士塑像

黄礤梁坝革命烈士
纪念亭

黄礤营盘革命烈士
纪念亭

北江第一支队成立
纪念亭

大席革命烈士纪念碑

石角革命烈士纪念碑

小正革命烈士纪念碑

沙田革命烈士纪念碑

遥田革命烈士纪念碑

新丰县党史教育基地

（附录图片均为新丰县史志办提供）

革命历史人物

一、新丰籍革命历史人物

李任予

李任予（1903—1932），丰城街道城东村人，1925年10月加入中国共产党，是中国工农红军早期领导人之一。1925年至1927年，李任予先后参加省港大罢工、北伐战争、南昌起义、广州起义；1928—1932年，参与创建闽西苏区，筹备召开古田会议，从事城市地下斗争，组织领导北平学生反蒋抗日运动、"保定二师学潮"和华北"高蠡暴动"等，为中国革命南北转战，足迹遍及大半个中国。由于斗争需要，李任予在各地从事革命活动经常采用化名，牺牲时正值中国革命最艰难时期，因此，在李任予牺牲后相当长一段时间，他为革命英勇奋斗的事迹鲜为人知。1984年，在中共新丰县委、县政府重视支持下，新丰县党史部门走南闯北，前往其从事革命斗争的地区多方查找，在当地有关部门大力支持配合下，通过查阅当年革命史料、报刊档案和参阅革命前辈传记、回忆录等，终于把李任予的光辉事迹从尘封的历史中挖掘出来，使其获得了应有的历史地位。2000年，经广东省人民政府批准，李任予被追认为革命烈士，并确认为中国工农红军早期领导人之一。2002年，为永远纪念李任予，县人民政府把南门塘文化广场改名为"任予广场",并竖立李任予烈士铜像。

李任予生平事迹,详见本书第二章第二节《红军早期领导人李任予》。

陈亦谋

陈亦谋(1902—1932),又名陈燕贻,辈名陈传光,曾用名李刚。丰城街道涧下村人。出身农民家庭,年少好学上进。1924年以优异成绩考入广州中山大学附中。在校期间,受大革命洪流影响,积极追求进步,1925年5月加入中国共产党。

1925年6月,国共双方为培养革命干部,在广州等地公开招考赴苏联留学学生。陈亦谋经考试后被录取,于当年底与左权等一批国共两党青年精英赴莫斯科中山大学学习(时为新丰县留学第一人)。在莫斯科留学时,因受托洛茨基思想影响,陈亦谋参加了托派活动,1927年底被苏联遣送回国。

陈亦谋回国后,正值"四一二"反革命政变发生,革命处于低潮,但陈亦谋没有被白色恐怖吓倒,他不改入党初衷,继续从事革命活动。1928年春,他回到家乡涧下村,秘密成立"犁头会"(即农会),以办夜校、学文化为掩护,宣传党的革命主张,发动乡亲们组织起来与土豪劣绅作斗争。同时,还暗中联络乡中好友策划成立农民武装,开展武装斗争,后因筹措枪支未果而受阻。不久,陈亦谋的革命活动被人告发,受到国民党地方当局通缉。在乡中好友资助下,1929年春,陈亦谋被迫离开新丰,辗转抵达上海,后参加了陈独秀领导的自称为"中国共产党左派反对派"的托派组织,并当选为该组织的中央组织部部长,继续从事反对国民党独裁统治的斗争。1931年5月,陈亦谋与该组织多名成员被国民党上海当局逮捕,以"共党"罪名判处其6年有期徒刑,关押于国民党江苏省第二模范监狱。1932年1月病殁于狱中，时年31岁。

梁泗源

梁泗源（1916—2000），新丰县早期党组织和武装斗争主要领导人，出身于黄礤镇梁坝村一个中农家庭。1939年初，在广州读书的梁泗源回到家乡创办抗战学校，并成立抗日救亡宣传队，在黄礤、回龙、沙田、梅坑一带宣传抗日救国，开展抗日救亡运动。

1941年3月，梁泗源加入中国共产党，被中共后东特委安排在五华县皇华中学任教，从事革命活动。1943年5月，"茶峻山事件"后，新丰党组织受到重创，后东特委任命梁泗源为联络员，回新丰主持应变工作。他临危不惧，机智应对，及时把已经暴露的党员转移疏散到东江纵队或外地，将尚未暴露的党员作了妥善安置，使新丰党组织避免了更大损失。1944年夏，梁泗源任新丰县特派员，再次回到新丰主持党组织恢复重建工作。在他的努力下，已停止活动近两年的新丰党组织迅速得到恢复、重建和发展。1945年6月，根据后东特委指示，梁泗源与郑大东等人在马头福水村成立新丰人民抗日游击队，积极配合东江纵队北江支队在新翁英边区开展敌后抗战，建立抗日游击根据地。

抗战胜利后，东江纵队奉命北撤山东，梁泗源与龙景山、郑大东等人留在新丰隐蔽，坚持斗争。1946年冬，根据广东区党委恢复武装斗争的指示，成立中共新丰县委员会，梁泗源任县委书记；并以东纵留守隐蔽人员为骨干，组建江北人民自卫总队，梁泗源任副总队长（未设总队长）。县委成立后，梁泗源广泛发动群众恢复和扩大游击区，发展人民武装，坚持进行自卫斗争。1947年4月，任中共瀚江地工委委员。1948年7月，任江北人民自卫总队西北区指挥所主任；12月，任中共新翁佛边区县委书记。

1949年1月，任中国人民解放军粤赣湘边纵队北江第一支队第一团团长兼政治委员；6月，新丰县城解放，梁泗源任新丰县军事管制委员会主任；7月，恢复成立中共新丰县委，梁泗源任书记。1951年6月兼任新丰县县长。1952年6月梁泗源调离新丰，到中南局党校学习。从1944年至1952年，梁泗源作为新丰党组织主要负责人，为新丰党组织建设和武装斗争发展作出了重大贡献。

1952年后，梁泗源历任中南第一工程公司计划科第一副科长、科长、副经理，中南干部学校副校长，湖北建筑学校校长，湖北工业学校第一副校长，湖北轻工业学校（院）委员、校长等职。1985年5月离休，享受厅局级待遇。2000年8月17日在武汉逝世，享年84岁。

龙景山

龙景山（1913—2000），新丰早期党组织和武装斗争主要领导人，乳名继有，曾用名龙云冲等，出身于马头镇羌坑村一个贫农家庭。

1939年6月，龙景山加入中国共产党，10月，任中共新丰县马头支部组织委员。1940年11月，任中共新丰县中心支部统战委员。1941年5月，任中共新丰县工委统战部部长。1943年4月，龙景山参加东江纵队，历任科员、党支部书记、行政协导员、区长。1945年6月，奉命回新丰开展游击战争。7月，任东纵北江支队新丰大队政治委员。

1946年6月，东江纵队北撤。龙景山等7人接受支队党委的决定，留下就地隐蔽，坚持武装斗争，并负责新丰地区军事工作，龙景山任临时党组组长。12月，龙景山任中共新丰县委委员、江北人民自卫总队特派员，主要在新连河龙边区一带开展武装斗争，建立游击根据地。1948年7月，任江北人民自卫总队东南区指挥所主任。12月，任中共新连河龙边区县委员会副书记。1949年1月，任中国人民解放军粤赣湘边纵队东江第二支队第二团团长。6月，龙景山率团与兄弟部队一起解放连平县城，任连平县军事管理委员会主任。7月，任中共新丰县委委员。8月，任新丰县人民政府县长。从1939年到1949年，龙景山长期在新丰从事革命活动，坚持开展武装斗争，为新丰人民解放事业作出了重大贡献。

1951年6月，龙景山调往广东革命干校学习。在"左"的思想影响下，龙景山受到一系列不公正待遇，曾被撤销行政职务。1970年退休。中共十一届三中全会后，龙景山的冤案获得彻底平反，推翻了一切不实之词，恢复党籍，退休改为离休，行政定为13级，享受地专级政治生活待遇。

离休后，龙景山积极响应党的号召，抢救革命历史资料，不顾年事已高，体弱多病，撰写革命回忆录《丰江激流》，并提供和审阅党史资料近30万字。2000年9月28日，因病在新丰逝世，享年87岁。

赵准生

赵准生（1910—2002），新丰党组织早期领导人，乳名月琴，出身于马头镇军屯村一个贫苦农民家庭。

赵准生从小勤奋好学，追求进步。他从新丰一中毕业后，曾任国民党新丰县第二区副区长、区党部执委等职，因不满官场黑暗腐败，1934年辞职从事教育工作。抗日战争爆发后，赵准生积极投身党领导的抗日救亡运动。1939年4月，经李光中介绍加入中国共产党，成为新丰党组织第一个党员，历任中共新丰县第一个党小组组长，新丰县第一个党支部书记，新丰县中心支部书记，以及中共新丰县工委委员、组织部部长，为新丰县党组织的建立和发展做了大量卓有成效的工作。1943年10月，因"茶峻山事件"赵准生被国民党逮捕，关押于韶关基庐监狱。1945年3月，与难友集体越狱，回到新丰后在军屯成立锄奸团，并参与筹建新丰人民抗日游击队。

1946年6月，东江纵队北撤后，赵准生转移到香港工作。1948年初，赵准生奉命回到新丰，在江北人民自卫总队负责民运统战工作。接着，先后任新连河边区第一区（半江）区长，第五区（隆街）区长、区委书记。1949年8月，任新丰县人民政府副县长。中华人民共和国成立后，调任汕头地区粮食局科长。

赵准生一生经历坎坷，曾被撤销副县长职务，但他坚守共产主义信念，在最困难的时候，仍然兢兢业业为党为人民努力工作。1981年落实政策，恢复名誉，享受离休处级干部待遇。赵准生晚年认真撰写党史、文史资料，为新丰党史、文史研究做了大量工作。2002年2月12日，赵准生因病在新丰逝世，享年92岁。

郑大东

郑大东（1912—2010），新丰县武装斗争领导人之一。又名郑罕、郑文鸿，马头镇福水村人，出身于一个贫苦农民家庭。

郑大东读书时投笔从戎，曾被选调到广州燕塘军校学习。1936年毕业回到家乡后，被新丰县民众抗日自卫团聘为小队长、大队军事教官，积极投身抗日救亡运动。1939年秋加入中国共产党，先后任福水村党小组长、党支部书记。1943年"茶峻山事件"后，郑大东转移到东江纵队，历任小队长、中队长兼军事教官，多次参加袭击日军战斗。1945年5月，郑大东奉命回新丰组建抗日武装，与梁泗源、赵准生等于6月5日在马头福水村成立新丰人民抗日游击队，任队长。7月初，新丰人民抗日游击队在英东地区被改编为东江纵队北江支队野火大队野马中队，郑大东任副大队长兼中队长；7月底，郑大东奉命率野马中队返回新丰北区一带开辟抗日根据地，并组建北江支队新丰大队，任大队长。

东江纵队北撤后，郑大东作为武装骨干留在新丰隐蔽，与龙景山等组成部队党组，在新丰坚持斗争。1946年冬，恢复武装斗争时，郑大东任中共新丰县委委员，并任江北人民自卫总队领导成员，主持军事工作。1948年7月，任江北人民自卫总队东南区指挥所副主任。1949年1月，任粤赣湘边纵队东江第二支队第二团副团长。6月，率部与兄弟部队一起，接连解放新丰、连平两座县城。8月，任新丰县人民政府副县长，尚未到任又调任粤赣湘边纵队司令部作战参谋。1949年10月，经叶剑英同意调入广州市公安系统工作，先后任广州市公安局沙面分局局长、新洲分局局长，广州市公安局第六处副处长，广州市视察室副主任，广州市政协委员。

在抗日战争和解放战争中，郑大东出生入死，参加大小战斗百余次，全身伤痕累累，左手被炸断，还失去两位亲人，为新丰人民解放事业作出了重大贡献。中华人民共和国成立后，为保卫人民政权，在公安战线忘我工作。1983年离休后，享受厅局级待遇。2010年12月，因病在广州逝世，享年98岁。

赖景勋

赖景勋（1913—1970），遥田镇江下村人，1947年加入中国共产党。

抗战期间，时任国民党新丰县遥田乡乡长的赖景勋，对国民党消极抗战、积极反共的做法极为反感，对共产党的抗日主张、抗战精神十分赞赏。1945年初，他曾专程跑去英东地区找到北江支队支队长邬强，要求加入北江支队为抗战出力。7月，在邬强支队长的鼓励和指导下，赖景勋毅然投奔共产党，率领遥田乡公所起义，加入北江支队，在遥田成立新丰县第一个抗日民主政权——遥田乡抗日动员委员会，以及遥田抗日自卫大队，并担任委员会主任及自卫大队长。此后，在党的领导下，赖景勋广泛发动全乡民众，配合北江支队在新英佛边区一带坚持敌后抗战，开辟抗日游击区。

抗战胜利后，随着东纵北撤，赖景勋奉命留在遥田隐蔽。1946年冬，恢复武装斗争时，赖景勋按照中共新丰县委指示，迅速在遥田动员复员人员重新拿起武器，成立江北人民自卫总队遥田大队，开展武装自卫斗争。从此，赖景勋带领遥田大队与邻县人民武装相互配合，多次粉碎国民党反动派对新英佛边区的"清剿"，并放手发动群众，在全乡各村普遍建立农会、民兵组织，开展反"三征"和减租减息，实行土地改革，使遥田游击区不断巩固扩大，不仅成为新丰西北游击区的中心，而且成为北江支队集结整训的根据地，并于1948年冬成为新丰最早获得解放的地区。

中华人民共和国成立后，赖景勋曾任新丰县沙田区区长、县粮食局局长、供销社副主任、商业局副局长、县民政科科长等职，1970年因病去世，享年57岁。

郑选民

郑选民（1916—1945），又名郑盾、郑公盾，出身于黄礤镇雪垌村的一个贫苦家庭。

抗战初期，郑选民积极参加抗日救亡运动。1939年5月，加入中国共产党。1940年11月，任中共新丰县中心支部宣传委员，协助梁泗源创办抗战学校，成立抗日救亡宣传队，发动广大民众支持抗战。1940年6月，郑选民创办《抗声报》，宣传党的抗战主张和抗日民族统一战线政策，为鼓舞和增强全县人民抗战意志做了大量工作。1941年5月，郑选民任中共新丰县工委、宣传部部长。1942年2月，中共后东特委调郑选民到五华县皇华中学任教，从事革命活动。1944年5月，郑选民奉调到东江纵队《前进报》任编辑，继续从事宣传工作。

1945年7月，郑选民奉令回新丰从事武装斗争，途经英德青塘时不幸被捕，关押在韶关监狱。敌人对他软硬兼施、威逼利诱，郑选民始终不为所动、宁死不屈，还写出"万言书"痛斥国民党反动派消极抗战、积极反共、残害百姓的行径，表现了一个共产党员威武不能屈、富贵不能淫的坚强革命意志。不久被敌人杀害在狱中，时年29岁。

李子端

李子端（1914—1948），丰城镇横坑村人，1947年4月参加江北人民自卫总队。由于他作战勇敢，指挥有方，很快从征西小队长升任为主力中队中队长兼指导员。1948年10月，在伏击国民党新丰县县长李泛舟的战斗中，冲在前面的李子端不幸中弹牺牲，时年34岁。

赖苍天

赖苍天（1914—1948），遥田镇江下村人。他自幼家贫，刻苦攻读，在广州美专毕业后，回到遥田中心小学任教。在中共地下党员梁汝贵影响下，追求进步，倾向革命。1946年毅然投笔从戎，参加遥田游击大队，任民兵队长，作战机智勇敢。1948年7月，在攻打鸭嫲窝坝战斗中，赖苍天担任突击队长，不幸头部中弹牺牲，时年34岁。

郑树当

郑树当（1925—1949），马头镇福水村人。他从小发奋读书，追求进步。1941年，年仅16岁的郑树当就参加村里革命活动，17岁加入中国共产党，20岁参加新丰人民抗日游击队，在智取银珠岩、鲤鱼坝伏击等战斗中表现突出。1946年5月任新丰大队武工队队长，在新连河边区一带坚持斗争，打击敌人，威震敌胆。1949年1月，东二支二团在涧下木棉树伏击前来上任的国民党新丰县县长陈中瑞，郑树当担任突击队长。在战斗中他身先士卒，冲锋在前，不幸壮烈牺牲，时年24岁。

朱永生

朱永生，生卒不详。沙田镇金竹园村人。1948年初，朱永生参加江北人民自卫总队征西队，他立场坚定、作战勇敢，参队不久就担任地下交通员，多次出色完成情报传送任务。3月，在一次执行任务途中不幸被捕。在狱中，不管敌人如何威胁利诱，严刑逼供，他始终严守秘密，宁死不屈，被敌人押到翁源龙仙残忍杀害。

二、在新丰战斗过的革命人物

邬　强

邬强（1911—1992），广东省英德人，1930年4月加入中国共产党。抗日战争时期，任东江纵队第三大队队长、东江纵队北江支队支队长。

1945年春，邬强率北江支队在新英佛边一带开展敌后抗战，建立英东游击区。7月，在邬强指导推动下，成立了新丰县第一个抗日民主政权——遥田乡抗日动员委员会，并组建了遥田抗日自卫大队，在新丰西区开辟了抗日游击区。抗战胜利后，为粉碎国民党蓄意发动"内战"的阴谋，1946年2月，邬强率北江支队主力从英东转移到新丰北区一带活动，指导和支持新丰地方武装放手发动群众，发展壮大武装队伍，在新丰北部山区建立了比较稳固的游击根据地，为新丰在内战爆发后坚持进行武装自卫斗争打下了坚实基础。6月，根据国共停战协定，邬强率北江支队北撤人员随东江纵队撤往山东。

中华人民共和国成立后，邬强曾任广东省军区副司令员、广东省政协副主席等职。

何　通

何通（1924—2002），广东省东莞人，1940年加入中国共产党。抗战期间，任东江纵队独立第三中队中队长，独立第一大队副大队长、大队长。

1945年6月，何通率东江纵队先遣大队进入新丰，与刚刚成立的新丰人民抗日游击队会合，在新丰开辟抗日游击区。其间，何通率先遣大队与新丰游击队一起，通过袭击鲁古军械库和张田坑盐站，解决了新丰游击队武器装备及军需给养问题，并相互配合，协同作战，粉碎了国民党新连河三县联防队企图一举消灭新丰抗日游击队的阴谋，保住了新丰武装斗争的火种。随后，何通率领先遣大队和新丰游击队前往英东，开辟抗日游击区。

中华人民共和国成立后，何通曾任兰州军区副参谋长等职。

何俊才

何俊才（1918—2009），广东省翁源县人，1939年1月加入中国共产党。

1947年至1949年，何俊才在任中共滃江地工委、中共滃江地委书记，北江支队司令员，北江第一支队司令员期间，经常在新丰地区活动、指导工作，为新丰党组织的建设、人民武装的发展、根据地的巩固、游击区的扩大和实现新丰全境解放作出了重大贡献。

中华人民共和国成立后，曾任北江专员公署专员、广东省卫生厅厅长等职。

邓楚白

邓楚白（1916—2006），广东省南海人，1938年加入中国共产党。抗日战争时期，任东江纵队西北支队政治委员；解放战争时期，任粤赣湘边纵队北江第一支队政治委员、中共滃江地委书记。

1949年6月，邓楚白指挥北一支一团、四团，在东二支二团配合下，一举解放了新丰县城，加快了新丰全境解放。

中华人民共和国成立后，邓楚白历任海军政治部主任、东海舰队副政治委员等职。

梁威林

梁威林（1911—2008），广西博白县人，1936年加入中国共产党。抗战时期，任中共后东特委书记；解放战争时期，任广东区党委委员、粤赣湘边区党委副书记、粤赣湘边纵队副政治委员。

1948年7月至9月，梁威林与黄松坚一起到新丰指导工作，在半江根据地主持召开中共新丰县委扩大会议，并组织与会人员开展整风学习。在整风结束时作了《为解放全新丰而奋斗》的报告，对纠正新丰党内错误思想、加强党的建设、巩固扩大游击区、实现新丰全境解放起到了指导作用。

中华人民共和国成立后，梁威林历任新华社香港分社社长、广东省副省长、广东省第五届政协主席等职。

黄松坚

黄松坚（1902—1986），广西凤山县人，1929年加入中国共产党。抗日战争时期，任中共广东区党委副书记；解放战争时期，任中共粤赣湘边委副书记、粤赣湘边纵队副司令员。

解放战争初期，黄松坚多次听取新丰党组织负责人工作汇报，就恢复武装斗争、发展人民武装、建立新丰游击根据地作了明确指示，推动了新丰武装自卫斗争的开展。1948年7月至9月，黄松坚又与梁威林一起到新丰，在半江根据地指导召开中共新丰县委扩大会议，主持为期半个月的整风学习，为加强新丰党组织建设、发展壮大人民武装、巩固扩大游击区作出了贡献。

中华人民共和国成立后，黄松坚历任中共中央华南分局组织部部长、广西政协副主席等职。

李光中

李光中（1918—1989），广东省新会县七堡乡人，1938年2月加入中国共产党。

1939年2月，李光中受中共东江特委委派，前来新丰开展建党工作。他以广东抗先队东江区队的合法身份，在锡场区组织进步青年成立抗先队锡场区队，开展抗日救亡运动，在运动中培养考察建党对象。4月，李光中先后介绍赵准生、古师贤等4人入党，在锡场建立了新丰县第一个党小组；随后以锡场党小组为基础，成立了新丰县第一个党支部，在新丰点燃了革命火种。

周　冷

1938年初，周冷受中共广东省委委派，担任新丰县民众抗日自卫团统率委员会政治训导员。他利用政训员合法身份，一方面，积极向地方当局和社会各界宣传党的抗日主张和抗日民族统一战线政策，宣传毛泽东抗日持久战思想，组织民众开展抗日救亡运动；另一方面，大力协助地方当局开展抗日救亡运动，组建县、区、乡抗日自卫团、队，开展军政训练，通过多种形式，揭露日本军国主义的侵略野心，激发参训壮丁及广大民众的抗战热忱。周冷在新丰工作期间，不仅出色完成了新丰县抗日自卫团、队编练任务，推动了国共合作、全民抗战局面的形成，而且扩大了中国共产党在新丰的影响，吸引和团结了一大批进步青年，培养了赵准生、龙景山、郑选民等一批革命骨干，为在新丰建立党组织做了许多基础工作。

卓　扬

卓扬（1918—2009），广东省大埔县人，1938年加入中国共产党。抗战期间，曾任广东青年抗日先锋队增城队队长、中共五华县委书记；解放战争初期，任中共后东特委委员兼紫（金）五（华）龙（门）河（源）边区工委书记、后东特委秘书长兼青年部长。

1948年12月后，卓扬调任粤赣湘边纵队东江第二支队第二团政治委员、中共新连河龙边区县委书记，为新丰坚持武装自卫斗争、巩固和扩大东南游击区、实现新丰全境解放作出了贡献。

中华人民共和国成立后，卓扬曾任国家仪器仪表工业总局副局长等职。

章　平

章平（1918—1997），广东省和平县人，1938年9月加入中国共产党。抗日战争时期，曾任中共龙川县老隆区委书记、中共河西县委特派员、中共清远县委书记。

1946年12月，章平受中共广东区委委派，任新丰县特派员，与梁泗源、龙景山、郑大东等成立中共新丰县委，组建江北人民自卫总队，并任县委委员、江北人民自卫总队特派员。在此后三年多时间里，章平作为新丰县委、江北人民自卫总队主要负责人之一，参与领导了新丰武装自卫斗争，为新丰党组织的建设、人民武装的发展、游击区的巩固扩大做了大量工作，作出了重大贡献。

周惠敏

周惠敏（1917—1941），又名周宝时，广东省和平县下东乡人。1938年11月加入中国共产党，是中共新丰县工委首任书记。

1940年5月，中共东江特委调派周惠敏到新丰，筹建中共新丰县工作委员会（简称"县工委"）。周惠敏到任后，以马头区校教员身份为掩护，通过成立"教师联谊会""读书会"，开展抗日救亡运动，从中吸收积极分子入党，发展和扩大党的组织，相继在马头附近的福水、羌坑等村建立了党支部，并成立了中共新丰县中心支部。1941年"皖南事变"后，国民党发动反共高潮，周惠敏不幸被捕。在狱中，面对敌人的严刑拷打，他严守党的秘密，坚贞不屈；在法庭上，他义正词严，揭露国民党顽固派制造"皖南事变"、袭击新四军的阴谋。敌人恼羞成怒，以押解他回和平为由，在途中把他杀害于深山之中，时年24岁。

张福生

张福生（1920—1945），广东省龙川县佗城人。

1941年4月，受中共后东特委委派，张福生接替被捕的周惠敏，任中共新丰县工委书记。他到新丰后，在马头区校任教，开展地下工作，巩固和发展党的组织。5月，正式成立中共新丰县工作委员会并任书记。8月，张福生调离新丰，加入广东人民抗日游击总队（东江纵队前身）。1944年11月在执行任务时不幸被捕，被关押在韶关监狱。其间，张福生受尽酷刑仍坚持斗争。1945年1月，惨死在狱中，时年25岁。

张国强

张国强（1912—1943），广东省五华县转水镇余和塘村人，1938年加入中国共产党。

1941年8月，时任中共连平县工委书记的张国强，调任中共新丰县工委书记。后中共新丰县工委撤销，张国强任新丰县特派员。张国强到任后，在国民党不断挑起反共摩擦，加紧推行限共、防共和溶共政策的情况下，以公开职业为掩护，通过合法途径和隐蔽活动，在城镇乡村建立党的外围组织，从中发展新党员，巩固扩大党组织。至1942年，全县党员从1940年27人发展到58人，壮大了党的队伍。1943年4月，张国强因"茶峻山事件"被捕，在国民党监狱里，经受了刺手指、老虎凳、灌辣椒水、烙铁烫胸等酷刑。但他宁死不屈，始终坚守党的秘密，直至为革命流尽了最后一滴血，牺牲在国民党衡阳集中营里，时年31岁。

方 牧

方牧（1924—1947），广东省东莞人。1946年在广州中山大学读书时，追求进步，积极参加反迫害反内战运动，被中共广东区党委派到新丰从事武装斗争。1947年2月，任江北人民自卫总队赖景勋大队文化教员；4月加入中国共产党，任大队直属队政治服务员；8月，任江北人民自卫总队征西队指导员；10月，在鸡嫲潭突围中，他临危不惧，冲锋在前，为部队突围开路，在抢占后山制高点时壮烈牺牲，时年23岁。

王振生

王振生，生卒、籍贯不详。1945年7月初，新丰人民抗日游击队在英东改编为北江支队野火大队野马中队时，王振生任中队政治指导员。7月下旬，王振生与中队长郑大东奉命率野马中队返回新丰开辟抗日游击区，途经英德青塘在周屋学校驻宿时，被国民党军一个团包围。在掩护部队突围的战斗中，王振生大腿中弹，身负重伤，仍然带领担任掩护的战士们英勇战斗，顽强阻击，打退敌人十多次进攻。在弹尽援绝时，他们继续用刺刀、枪托、砖头与敌人搏斗，直至壮烈牺牲。

附录三

革命历史文献

为坚决粉碎蒋匪封锁蚕食完全解放新丰而斗争
——龙景山1948年6月25日在平汉干部会议上的报告（节选）

一、"大搞"以来我们取得的成绩与胜利

今年初，按照瀚江地委关于"大搞"的指示，县委作出"放手发动群众，开展大搞斗争，粉碎敌人封锁，巩固扩大游击区"部署。半年来，在全体同志共同努力和广大群众积极参与下，同敌人在政治军事经济上展开了针锋相对的斗争，粉碎了敌人的阴谋，取得了很大成绩和胜利。主要表现在以下方面：第一，开仓放粮搞了4000余石粮食分给贫苦群众，有3万多人受益；第二，在游击根据地实行土改，2万多贫雇农分得了土地；第三，在游击区恢复和健全了农会、民兵组织，农会会员增加了20多倍，民兵队伍扩大了数倍；第四，在反封锁斗争中扩大了部队，人员增加90%，并成立了多支主力中队，武器装备也得到了改善，使部队不断壮大。我们虽然取得了成绩和胜利，但是我们不能因此而骄傲自满，更不能松懈斗志。因为我们面前还有很多困难，尤其是不甘心失败的敌人，正在采取更加凶残、狡猾的手段对付我们。我们必须保持清醒头脑，准备进行更加艰苦的斗争。

二、目前力量对比及敌人的阴谋

开展"大搞"以来，反动势力虽然遭到了沉重打击，但是，敌人为了维持其反动统治，正在进行垂死挣扎。这段时间，敌正规军69师虽然调离了新丰，但193师还驻在瀚江，对我威胁仍然很大。特别需要指出的是，敌人正规军调走了，联防队等土顽势力却扩大了，目前已达1160多人，比半年前增加了一倍多。敌我力量对比，我们还处于弱势。更加值得重视的是，敌人对付我们的手段更加凶残、狡猾了。1. 建立反动据点，采取步步为营策略，通过并村并乡，驱赶山区民众到平原，实行"五家联保"等手段，企图陷我于孤立，"干水捉鱼"对游击区进行围困、蚕食；2. 采取分散对分散、游击对游击的战术与我周旋，经常派出小股兵力，伏击、捕杀我部队人员、农会干部及民兵骨干等；3. 煽动姓氏矛盾，挑起宗族斗争，制造白区与红区对立，甚至胁迫白区民众去红区抢掠，不准红区民众去白区赶集赴墟；4. 实行怀柔政策，通过政治分化，物质诱惑，对游击区军民进行策反，诱骗不坚定分子"自新"；5. 实行经济封锁，禁止边区贸易，甚至袭击我水陆税站，抢掠我钱粮物资，企图在经济上困死游击区军民。

面对敌人的阴谋，我们必须高度重视，做好坚持斗争的思想准备。在目前敌强我弱的形势下，我们既要看到困难，更要看到有利条件。经过半年来的"大搞"，我们不仅取得了多次反扫荡胜利，削弱了敌人的有生力量；而且扩大了部队和民兵队伍，巩固了根据地，使我们的力量日益壮大。只要我们坚定信心，加强统一领导，把游击区军民广泛发动起来，采取灵活、机动的战术，寻找战机、主动出击，集中兵力，打击和消灭敌人有生力量，镇压反动顽固分子，我们就能粉碎敌人的封锁蚕食阴谋，打开新局面，争取新胜利。

三、（略）

四、（略）

五、我们今后的斗争任务

为了粉碎敌人的封锁蚕食，实现完全解放新丰的总目标，我们今后的斗争任务主要有以下几方面。

1. 坚持开展反"三征"斗争，争取广大民众和各阶层人士的支持。我们要扩大政治宣传、广发传单，揭露国民党反动派实行"三征"，坚持内战的阴谋，让广大民众和社会各阶层人士认清"三征"的反动本质，联合起来进行抵制抗交，使各界民众通过反"三征"斗争团结起来，缩小打击面，共同对敌，支持我们的斗争。

2. 保护土改成果，健全农会民兵组织。在已实行土改的解放区，对贫雇农分得的土地、粮食、浮财等，要切实加以保护，不许任何人侵占，让解放区人民更加坚定地支持我们。在未实行土改的游击区，应暂停土改，继续实行减租减息政策，并注意保护中农、工商业者和开明人士的利益，以减少对立面，争取和团结大多数。同时，要抓紧恢复、健全农会、民兵组织，为我们坚持斗争，争取最后胜利打好群众基础。此外，在白区建立农会、民兵组织要注意保密，不宜暴露，以准备在敌人进驻时仍能坚持斗争。

3. 积极扩大部队，加强军事斗争。经过一年多的努力，我们的部队虽有了一定发展，但还存在小而散、战斗力不强等问题。为改变这种状况，我们应根据上级指示，开展部队整编扩编，尽快完成组建一个团的任务，把过去分散在各地的游击分队，整编为营、连建制，并加强主力连的组建。在扩编部队过程中，不能走二流子路线，要坚持从民兵和群众中积极分子中发展。部队整编扩编后，要加强军政训练，开展拥干爱兵运动，改善官兵关系，增进上下团结，制止非战斗减员。提高部队战斗力。要反对军事上的保守主义，克服消极避战、怕战挨打思想，积极寻找战机，主动出击，采用伏击战、麻雀战、袭击战消灭敌人。同时，还要加强内战，积极开展对敌分化瓦解工作，促使中间派保持中立，或投诚起义，孤立打击顽固的反动势力。

4. 建立民主政权，巩固革命成果。我们开展军事斗争，打击敌人，扩大解放区，目的是建立人民民主政权，让广大群众当家作主人。因此，我们应按照上级指示，区分不同情况，开展民主建政工作。一是在我控制的解放区，从农会、民兵组织中推选经过斗争考验的骨干，成立乡村民主政权，让人民群众当家作主，以利于解放区的巩固发展。二是在敌我交错的游击区，建立白皮红心的两面政权，以利于斗争开展，并为以后建立民主政权打下基础。

5. 加强党建工作，积极发展党员。恢复武装斗争以来，由于多方面原因，我们对党建工作不够重视，主要表现为没有在部队和地方积极发展党员，没有严格的组织生活，没有经常进行党员教育，致使一些党员在斗争中没有起到应有的作用。现在，随着斗争发展，我们必须加强党建工作，不断扩大党的队伍，重视党员教育，使党组织和党员在斗争中真正起到先锋模范作用。为此，在今后三个月内，我们应克服关门主义，放手发展党员，争取主力队党员达到30%～50%，地方队达到20%～30%，农会、民兵、妇女等群众团体达到10%以上，以壮大党的队伍。

6. 重视培养干部，关心干部成长。随着形势发展，我们的干部严重不足，许多地方由于缺乏干部影响了工作开展。因此，从现在起我们必须从三个方面加强干部培养。一是严格干部审查，对拟培养的干部，要对其阶级成分、政治立场、个人历史进行严格审查，防止投机分子、不良分子混进干部队伍。二是了解熟悉干部，为了帮助干部成长，我们既要了解其个性、爱好，又要熟悉其长处、短处，耐心引导他们在政治上加强学习，增强党性，在工作上发挥长处，克服短处，同时要加强检查督促，对干部的缺点错误不能姑息迁就，要及时批评指出，以帮助他们不断进步，但也不能要求过高，操之过急。三是加强教育培训，应通过集中办班的形式，对干部进行调训、轮训，组织他们联系实际学理论、学政策，总结经验，吸取教训，不断提高思想水平和工作能力。

7. 积极发展经济，粉碎敌人封锁。面对敌人的经济封锁，我们必须积极发展经济，保障供给，粉碎敌人企图饿死、困死我们的阴谋。当前，我们首先要组织部队和广大群众一起，开展保卫夏收斗争，挫败敌人抢粮计划，把粮食抢到手。其次是在已经土改的解放区组织公粮征收；在游击区设立流动税卡，开辟税源，增加收入。最后是在解放区开展生产运动，通过成立军民生产合作社，发展生产，增加供给。同时，要注意保护和发展工商业，繁荣解放区经济。

8. 改进领导方法，转变工作作风。过去，由于长期分散活动，各处一方，我们队伍里"山头主义""自由主义"比较严重，在这种情况下，有的同志只讲分工，不讲集中，甚至各自为政，独断独行，影响了民主集中制的实行。今年2月以来这种状况虽有改善，但还不够。为了适应形势发展，加强党的集中统一领导，我们要健全县委领导机构，并在各区成立党的工作委员会，按照集体领导与分工负责的原则，理顺上下级关系，加强党的民主集中制。与此同时，领导干部应增强群众观点，克服官僚作风。在工作中要发扬民主，转变作风，经常深入群众了解情况，听取意见，集思广益，改进工作；要关心下级，关心群众，消除上下级隔阂，增进团结；要刻苦为公，以身作则，特别是在"三查三整"运动中，要带头反省，检查自己的立场、思想和作风，带动下级干部在"三查三整"运动中端正立场，改造思想，改进作风，团结一致地为解放新丰，实现党的七大提出的各项任务而斗争！

今后我区的军事斗争方针及任务

——李峰1948年6月25日在平汉干部会议上的报告（节选）

一、半年来军事斗争总结

1. 敌人的战术。

敌人的战略企图是消减我们有生力量，及限制我们的发展，组织地方联防队，恢复反动政权，继续维持地主的封建统治。因此其战术使用，第一个时期是采取分进合击远途奔袭，将兵力分别集中于马头、新城、梅坑、隆新、周陂等机动地带。发现我主力队时，立即夜行军走山路，实行黑夜包围拂晓进攻，甚至乘夜袭击，或掩蔽在我进出地带布置伏击。在"扫荡"第一个月内敌人为了达到目的，曾集中一个团及一个旅部来对付我们。第二个时期，因为敌人这一套战术落空及兵力外调，而我们又分散活动，敌人便改变以分散对分散、游击对游击，在联防队配合下，二三十人到处活动，进入我区偷袭部队、捕捉民兵或交通人员。第三个时期，敌人虽然正规兵力继续调走，但土顽势力普遍组织起来，据点林立，采用步步为营，稳扎稳打的战术，对我进行蚕食封锁，以据点为中心，控制周边地区。因土顽情况熟识，常乘我之空虚对我实行突然袭击，围捕搜山，破坏我农会民兵组织，大肆掠夺财物。敌人使用的战术虽有时期之分，但有时三种战术兼用，不能机械地来划分。

2. 我们基本粉碎了敌人的进攻。

由于我兵力弱小，在敌人的优势兵力进攻下，我们的战略目的，是分散保存力量及发动群众斗争，并相机打击敌人，整训部队。按照这一方针，我们结合反"三征"斗争，放手发动群众，实行分田废债、减租减息和分粮分物，争取了广大群众的支持。

与此同时，积极寻找战机，主动出击，开展了反封锁反蚕食斗争，粉碎了敌人的进攻，半年来，歼敌100多人，缴获机枪、长短枪500余支。更重要的是在斗争中，我们不仅巩固了大部分根据地，扩大了游击区，而且保存了有生力量，发展了部队，扩大了民兵队伍。其中，部队扩编增员90%，民兵增加了5倍，使我们的力量日益壮大。特别是经过诉苦运动，部队指战员普通提高了阶级觉悟，战斗力正在逐步提高。但是，我们也要看到，敌人的封锁蚕食，也给我们造成了不少损失，如有的老区、游击区丢失了，重新落到敌人手里。在敌人的威逼诱骗下，一些群众害怕了，动摇了，不敢支持我们，加上我们打了一些强攻硬打的仗，给部队造成了伤亡，也影响了士气。这些都给我们增加了困难，使今后的斗争更为艰巨。

二、我们目前的实际情况（略）

三、今后的斗争方针与任务

我们政治上总的任务是坚决粉碎敌人的蚕食封锁，为完全解放新丰而斗争。为实现这个总任务，我们今后军事斗争方针和任务如下：

1．首先是积极主动打击敌人，要坚持平原，保卫山地，巩固与恢复老区，开辟和扩大新区，打破敌人之围困封锁，为此，我们必须反对军事上的被动挨打的消极保守，积极寻找战机打击敌人，在运动中歼灭敌人，拔除地主反动据点。要做到不打无准备、无把握之仗，更不能强攻硬拼打消耗仗，争取每一次战斗都能杀伤敌人，有所缴获，不断削弱敌人的力量，这就是我们军事斗争的总方针。

2．集结主力整训和巩固部队，是目前的迫切任务。没有主力便没有作战核心与骨干，特别是在我们兵员少又分散的情况下，集结主力更加重要。但我们集结主力也要考虑地方实际困难，不能过分抽调，以免阻碍其坚持和发展。这次集结整训要克服地方主义本位观念，在整编初期，可保留其原有组织，不必打乱来编，已决定上调主力的人员，限于8月底到齐集中。主力一定要兵强马壮，武器精良；干部一定要能力强，政治坚定有斗争经验，成分要以贫雇农占半数，党员要占30%以上。各区应有大局观念，保证兵员武器按时上调集中。为加强主力部队建设，其给养由总部负责，可不负担生产责任，专事战斗及开展新区工作。主力部队不仅要成为作战模范，还要成为民众工作模范，并成为干部的来源。

由于我们队伍还存在不稳现象，因此整训和巩固队伍是很重要的。我们要调整干部，撤换那些不负责任、战士意见大的干部，加派积极负责的干部。并通过开展诉苦、坦白、反省运动，以提高对敌斗争的士气。加深对蒋匪土顽的仇恨。干部要在士兵中带头反省错误，接受战士批评，克服弱点与错误，以改善官兵之间、上下级之间的关系，形成一个拥干爱兵的热潮，克服一切离心思家争吵的倾向，使部队更加团结、更加巩固起来，不断增强战斗力。

3．巩固与光复老区，开辟新区。

由于敌人的围困蚕食，目前我们被分割为东南与西北两大块，这使我们指挥不能统一，战斗不能互相配合，连我们解放新丰的计划步骤都难趋一致。为此我们一定要光复磜头、陈磜、茶洞、羌坑等老区，来确保我游击区连成一片；连南要光复田坑、溪东来巩固山区；南区要光复石角、榉林、蓝田来确保与江北区连成一片；西区要光复小长江以巩固西北区外围。

在光复老区的同时，还要积极开辟新区，如连平之金花洞、漆木坳、石龙、内莞，以打通和九连区的联络；开辟沙心，和翁南区连成一片，在河源开辟南湖、五洞扩大我们基地的外围。不仅如此，还要将梅坑、雪洞、岳城、板岭等地开辟为新区，造成四面八方包围新丰城的态势。

为了达到光复老区开辟新区的目的，我们必须站稳脚跟巩固老区，特别是已土改分田的地区一定不能沦陷，这就必须通过保卫夏收，争取广大群众，从健全民兵基干队进而建立地方队，从健全农会进而建立我们的民主政权，从保卫粮食进而发展生产，从肃奸运动进而为立功运动，最终达到我们的目的。

4．对付什么敌人，打什么仗？

目前我们要打击的是蒋匪的一切反动武装，在敌强我弱的形势下，我们应缩小打击面，首先集中力量打击县警队和地方联防队，以及罪大恶极为广大群众所痛恨且最孤立的恶霸地主武装，在有胜利把握时，才可打保安队及敌人正规部队。

我们的打法，应以歼减敌人有生力量为目的，不以夺取或攻入地主碉楼、据点为目的，因此我们今后一个时期，应以伏击战、袭击战、运动战为主，多打分散、小股之敌，积小胜为大胜。当前，尤其要反对消耗战、攻坚战、阵地战，以减少部队伤亡，为解放新丰积蓄力量。

除主力作战外，我们还要广泛发动民众起来作战，并以一部分主力结合地方民兵基干队，运用粉枪土炮、树炮线炮，配合主力，迷惑敌人，牵制敌人，支援主力消灭敌人。要集中优势兵力，打其一路或一部，不可贪多，不可平均使用兵力，不要用五个手指捉五个跳蚤，要集中一个连来歼灭其一个排一个班。力求速战速决，全歼敌人。

关于当前党务工作几个问题的通知

1．恢复武装斗争以来，我区党务工作不可否认是整个工作最薄弱的一环，远远落在军事斗争与群众后面，党员少且弱，有的分队党员仅有一两个，甚至没有，模范作用也不够，有的比群众还差，向敌人"自新"。不论地方、部队党支部生活都不健全，行政领导与行政工作代替了党的领导与党的工作，致使党员组织观念薄弱了；党的领导大大削弱了，造成了不必要的损失，不能把工作向前推进一步。这都是我们不注意不重视，对这一工作采取关门主义与自流放任的态度造成的。我们完全不去了解这一工作对斗争对工作的重大作用，也不去研究这一工作的具体做法。这充分表现出我们党性薄弱，忘记了我们的军队是什么性质的军队，忘记了一个党员应如何去做好党的工作，这是我们的严重缺点与错误。两年来的武装斗争与群众运动做得不够好，应引为深刻教训。今后，为了党的行动一致，保证七大任务完成，粉碎蒋匪蚕食封锁，完全解放新丰，我们必须重视和做好党务工作。

2．健全支部生活，加强党的领导，这是巩固党、健全党的重要工作。为此，首先要加强支部作用与党员的模范作用。以后一切上级精神的传达与本单位工作都须经过支部来讨论、决定与布置，使支部真正成为战斗堡垒。要让党员重视支部生活。支部的会议，不要变成生活检讨会，必须政治化，要经常研究讨论党的政策与任务，这个问题要提高到政治原则上来，使党员认识政治生活是一个布尔什维克的生命，才能对政治斗争抱有热情；另一方面，支部会议也必须讨论与布置实际工作，使党员懂得在任何时候、任何情况下都要团结一致，不怕困难，起模范作用，在一切工作中体现党的领导和党员的作用。在分配党员工作时务必适合其身份与能力，以免工作搞不好失去威信，影响到削弱党的领导。每一个支部每一个党员对上级党组织分配的工作任务，必须想方设法，坚决完成。不能放任自流，应经常检查督促。为了加强支部与党员作用，每一个党员都必须切实依照规定参加支部生活，在部队连队党支部每周至少开会一次，在地方党委与部队分散工作同志最少半月开会一次，不得借故拖延或不开，如有三次无理不开者须受到应有的处分。只有这样做党的组织生活才能健全，党的领导才会加强。

其次是加强党内民主和自我批评，在党的会议上对党的政策决议，均可进行广泛深入讨论，当党的政策决议上级未改变前，必须坚决执行，不得擅自改变不做；对党的工作党员都有检查督促的权利，党员在会议上可以批评任何一个人，但不能作会外不负责任的"小广播"，以免造成不良影响，被奸细利用破坏。过组织生活时，每个党员都要经常检查自己的工作与思想，严格地作自我批评与倾听别人的批评，这是改进工作与增强党性的重要武器，务须切实执行。以后党员对记功或处分有不服者，均可向党组织上诉，提出理由辩护，以免赏罚不明。此外，目前各支部委员均由上级党组织选择党性好、工作认真负责的同志担任，在有条件时也可由民主选举产生。

3．展开三查三整运动。搞通思想，改造作风，使全党一致，上下一心，这也是一次保证党内成分与思想纯洁的整党运动。为搞好这一运动，首先领导干部要带头反省，向下级作反省报告，为下级干部和党员进行反省起模范带动作用。各单位部门都要根据"七一"会议决定，切实重视起来，在三个月内按照"查阶级、查斗志、查工作"，整官僚主义、整自由主义、整平均主义的要求，组织查整运动，开展自我反省。如果哪个单位、哪个部门、哪个同志忽视了这一工作的重要性，而不进行反省，那就不是好党员好干部。其次是进行审查工作，以了解和熟悉我们的党员与干部，使好的党员、干部能抬头，发挥作用，对人民事业有更大贡献。同时，通过审查，做到不冤屈一个同志，不放过一个坏人，把阶级异己分子、不良分子清除出去，纯洁我们的队伍，使不良的意识作风得到克服，不能兴风作浪。

4．发展党的组织是当前党的迫切任务。我们目前党员极少，形势发展又需大批真正为人民服务的党员干部到各岗位上担任工作，因此，发展党员与培养干部应结合起来进行，通过发展党员来补充干部。目前在斗争中涌现了大批积极分子，给了我们一个发展机会；党员多而强了，对部队的发展与巩固、地区的恢复与坚持就是有力的保证。为此，在今后三个月内应按主力队30%～50%，地方队20%～30%，群众团体10%的规定发展党员，并在每个乡、每个连队建立党组织，成立党支部。为了求得党的发展，每个支部应把组织工作放到议事日程上，在支部展开学习与讨论，使每个同志都了解发展组织的意义与办法。我们提出大量发展党员时要也注意：一方面，应该大胆地向贫雇农、部队老战士、农会民兵积极分子、各种运动与斗争中积极的模范分子开门，并在斗争中对他们做好考察和教育培养工作。总之，要克服过去缩手缩脚或不敢发展的严重的关门主义，不能把积极分子、阶级优秀分子拒之门外。另一方面，要严肃谨慎和积极认真，应清楚认识发展组织对党的建设的重要作用，发展党员，应重质量不是重数量，既要积极发展，又不能马虎应付，尤其要反对拉夫主义，把投机分子、阶级异己分子拉入党内，这件工作搞不好，党的巩固就会受到损失，所以要小心谨慎。只有二者结合，党的组织才能既发展又巩固，因此，发展组织必须坚持标准。吸收党员对象要根据新党章年龄（十八岁以上）、阶级成分（工人、苦力、城市贫民、革命战士、中农、职员、知识分子、自由职业者等）去发展；反对降低标准，没审查，凭感情拉人，或凭个人介绍或任何人都可介绍的马虎作风。我们标准是：（1）决心为共产主义事业奋斗到底；（2）群众关系好，为群众拥护；（3）在各种斗争运动中能执行党的政策；（4）能守纪律，在队伍中肯干不怕死的（参阅《党章》第一章《党员》）。除前面提到阶级成分外，还要长期考验，始可考虑接受。吸收时要经过一定手续和程序，吸收后要加强教育使之成为一个坚强党员。这是对组织工作应有的认识与做法。

5. 地下党工作务必加强，目前我们的地下党组织有些暴露后不敢工作，党在群众中的影响大大削弱，故今天注意地下党工作是非常需要的。目前由于多数地方没有党组织，或是很弱小，今后这责任就落在部队的党员身上，特别是各独立地区的负责同志要重视这工作，亲自布置，不得忽视。首先应将现有组织进行整顿，加强领导，确定每个组织具体任务，对失去联系或联系不密者，以后要做到每月最少有二次接头，使原有组织恢复起来，同时把不工作不学习不守纪律不参加党内活动的党员以及蜕化堕落分子清洗出党或停止其党籍，以保证党的纯洁。其次是发展组织，力争在每个乡村逐步建立党的组织，使党的政策主张在广大群众中实行。同时，还要注意地下党力量的使用，切勿如过去那样把地下党的力量全部用出来，造成暴露而不能坚持。今后务必建立几层力量，第一线力量是公开的干部，公开领导群众斗争，没有这第一线，群众斗争是发动不起来的；同时又要准备第二线力量，这一线不公开，还是以积极分子面目出现，不致轻易暴露，准备在第一线干部暴露后，补充起来；有一、二线力量配备仍是不够的，还需第三线力量配备，这一线是以中间或落后分子出现，不要公开参加武装斗争和群众组织，平时做统战工作和情报工作，若解放区失陷时，则出来建立两面政权或打入敌人内部，进行秘密工作。在敌区更要注意隐蔽，保存力量。

　　6. 为了加强党务工作，除思想上重视工作上布置外，各地区务必设专人负责或指定干部兼任，不得无人负责，重复过去轻视态度。县委将设组织员加强发展与巩固党的组织，各区工委亦须选择成分纯洁、党性坚强、懂得组织原则的同志一、二名为组织员。这是加强党务工作的重要关键，望各地区单位切实执行。

中共新丰县委员会

1948 年 8 月 10 日

附录四 大事记

1925 年

大革命浪潮席卷新丰，新丰县农民协会成立，在丰城、梅坑等地开展农民运动。

1938 年

中共党员周冷（周振国）到新丰任县民众抗日自卫团统率委员会政治训导员，训练壮丁，宣传党的抗日主张。

1939 年

2月，在广东抗先队东江区队指导下，新丰县锡场分队成立。

李光中受中共东江特委委派（化名欧敏）到新丰县锡场区秘密开展建党工作。

3月，梁泗源、张雪斋、梁云康在梁坝犁头围创办抗日学校。同时，成立抗日救亡宣传队。

4月17日，新丰第一个党小组在锡场成立，赵准生任组长。

5月，新丰县第一个党支部在马头军屯村成立。支部书记赵准生，组织委员龙景山，宣传委员郑选民。

1940 年

6月，马头党支部以教师联谊会名义出版《抗声报》（不定期），郑选民、黄文敬任编辑。1942年停刊。

中共东江特委派周惠敏（周宝时）到新丰任县工委书记，筹建中共新丰县工作委员会。

11月，成立中共新丰县中心支部。赵准生任支部书记兼组织委员，郑选民任宣传委员，谢国樑任青年委员。

1941 年

春节后，县工委书记周惠敏被国民党逮捕杀害。

4月，中共后东特委派张福生接任中共新丰县工委书记。

5月，中共新丰县工作委员会在马头区校成立。张福生任县工委书记，赵准生任组织部部长，郑选民任宣传部部长，龙景山任统战部部长，欧阳鼎唐任青年委员。

12月，中共后东特委撤销中共新丰县工委，张国强任新丰县特派员。

1943 年

4月4日，连平茶峻山（又称峻岐山）党支部书记谢国璟被捕叛变，张国强、赵准生、欧阳鼎唐等党员骨干先后被捕。

5月，"茶峻山事件"后，中共后东特委派梁泗源回新丰"处变"，组织营救被捕党员，转移已暴露党员，安置未暴露党员，新丰党组织暂停活动。

1944 年

夏，梁泗源任新丰县特派员，负责新丰党组织的恢复工作，新丰党组织恢复活动。

1945 年

6月5日，新丰人民抗日游击队在马头福水村成立，队长郑大东。6日，新丰县人民抗日游击队智取国民党银珠岩军械库，解决了游击队的武器装备。12日，新丰人民抗日游击队在马头鸭卵塘伏击日军。18日，东江纵队抗日先遣队何通大队抵达马头军屯村，与新丰人民抗日游击队会师。

7月，新丰人民抗日游击队奉命抵达英东，改编为东纵北江支队野火大队野马中队。不久又改编为东纵北江支队新丰大队，郑大东任大队长，龙景山任政治委员。

新丰县第一个抗日民主政权——遥田乡抗日动员委员会成立，并成立遥田抗日自卫大队，赖景勋任主任兼大队长。

8月，东江纵队北上前进指挥部途经新丰向五岭地区挺进，在黄沙坑、梁坝驻扎休整。

9月，成立中共新丰县北区委员会，负责新丰、翁源、英德边区工作。

10月，成立中共新丰县东南区委员会，负责新丰、连平、河源边区工作。

1946 年

2月，北江支队支队长邬强率部分主力从英东转移到新丰北区，在黄沙坑召开支队干部大会，分析抗战胜利后北江地区斗争形势，部署建立新丰游击根据地。

3月，新丰大队配合支队武工队取得曲塘坳伏击战胜利，解决了部队军需给养问题。

5月，北江支队在茶峒召开北撤动员大会，研究确定北撤人员、隐蔽人员和复员人员。

8月，新丰党组织负责人梁泗源与特派员林华赴香港，向中共广东区党委汇报工作。

8月下旬，新丰大队留守隐蔽人员根据广东区党委在香港《华商报》上发表的谈话，召开党组会议，研究恢复武装斗争。

9月，新丰各地隐蔽人员陆续恢复武装斗争，遥田赖景勋分队取得夜袭遥田乡公所战斗胜利。

12月，新丰党组织负责人梁泗源、特派员章平回到新丰，传达广东区党委关于恢复武装斗争的指示，并根据区党委决定，将地方党组织与部队党组合并，成立中共新丰县委员会，由梁泗源任书记，龙景山、章平、郑大东为委员；同时决定组建江北人民自卫总队。

1947 年

1月初，中共新丰县委在半江举办军政干部训练班，正式宣告成立江北人民自卫总队。22日，中共新丰县委在银珠岩召开会议，决定扩大部队，开展反"三征"（征兵、征粮、征苛捐杂税）斗争。

2月，广东区党委派曾东（曾启明）到新丰任县委委员兼赖景勋大队政治委员。

5月中旬，中共香港分局派李峰、袁可风到新丰任县委委员，加强对武装斗争的领导。

6月，中共新丰县委、江北人民自卫总队在黄沙坑召开会议，研究确定县委成员工作分工。

8月12日，龙景山、曾东率领部队在广韶公路八里排设伏，活捉国民党新丰县县长罗联辉，歼灭敌保安团一个连。

11月2日，龙景山、曾东率部队在沙田活动，由于麻痹轻敌，在鸡嫲潭被敌包围。部队突围时23名指战员壮烈牺牲。

11月3日，粤赣湘边纵队领导黄松坚到新丰指导工作。

12月，广东区党委从东江支队和北江支队抽调连、排军事干部120人，组成"粤赣湘边军事教导大队"，在新丰板岭下集中培训。

1948 年

3月，中共新丰县委在马头板岭下召开会议，传达中共香港分局"二月指示信"，决定在游击区实行土地改革。

5月，在半江成立"新连河边第一区人民政府"，委任赵准生为区长，卢平生为副区长。

6月，北伐队在回龙塘村燕子岩被敌保安团一个营包围。该队通过挖洞成功突围。

6月，粤赣湘边纵队领导黄松坚、梁威林到新丰指导工作。

7月，县委在半江召开扩大会议，总结土改的经验教训，决定在游击区停止土改，继续实行反"三征"和减租减息政策。并在会议结束后，组织参会人员开展整风学习，时间半个月。整风结束后，调整了县委领导班子，梁泗源任书记，章平任组织部部长，龙景山任统战部部长，郑大东任军事部部长，曾东、袁可风为委员。

江北人民自卫总队分为西北区、东南区两个指挥所。其中西北区指挥所由梁泗源、曾东任正、副主任，东南区指挥所由龙景山、郑大东任正、副主任。

11月，在新丰、从化边区活动的武装分队，活捉了从广州前来新丰上任的国民党县长张汉良，并全歼护送其的敌保安团一个连。

11月下旬，西北区武装分队在沙田至遥田之间的猫笼坳设伏，全歼国民党保安团一个连。遥田全境获得解放。

12月，撤销中共新丰县委员会，分别成立中共新连河龙边区县委员会和中共新（丰）翁（源）佛（冈）边区县委员会。其中中共新连河龙边区县委书记卓扬，副书记龙景山，隶属中共九连地委领导；中共新翁佛边区县委书记梁泗源，副书记刘少中，常委曾东，隶属中共瀚江地委领导。

1949 年

1月，西北指挥所及其所属部队改编为中国人民解放军粤赣湘边纵队北江第一支队第一团（简称北一支一团），梁泗源任团长兼政治委员；东南区指挥所及其所属部队改编为中国人民解放军粤赣湘边纵队东江第二支队第二团（简称东二支二团），龙景山任团长，卓扬任政治委员。

中共新翁佛边区县委在回龙合子召开会议，总结1948年反"清剿"斗争经验，提出发展新区，巩固老区，提高政策水平，增强斗争信心，准备迎接全国解放。

2月下旬，粤赣湘边纵队参谋长严尚民，在河源骆湖主持召开东二支二团、七团，东三支三团负责人联席会议，要求加快扩大解放区，迎接解放军南下。

3—4月，锡场、沙田、黄礤、隆街、马头等地相继解放，陆续成立区、乡人民政权。

5月，成立新连河区行政委员会。

6月13日，北一支政治委员邓楚白率领主力四团和一团，在东二支二团配合下，一举解放新丰县城。国民党新丰县县长陈中瑞及其部属500多人投降。成立新丰县军事管制委员会，梁泗源为主任。21日，东二支二团与七团联合行动，解放连平县城。成立连平县军管制委员会，龙景山为主任。

6月下旬，撤销东二支二团，并入北一支一团，龙景山为团长，梁泗源为政治委员。

国民党一四七师四四〇团重占新丰县城。

7月，撤销中共新连河龙边区县委和新翁佛边区县委，恢复成立中共新丰县委，梁泗源任县委书记。

8月1日，北江第一支队在遥田江下围隆重举行庆祝"八一"建军节暨北江第一支队成立典礼活动。

8月15日，新丰县人民政府在隆街成立，龙景山任县长，郑大东、赵准生任副县长。

9月14日，重占新丰县城的国民党军队弃城南逃，新丰全境宣告解放。19日，县委、县政府成立迎军支前总指挥部，梁泗源、龙景山分任正、副总指挥，号召全县军民动员起来，做好迎军支前工作。

9月23日，国民党新丰县挂名县长许剑虹在翁源周陂被俘。

10月1日，县委、县政府在县城隆重举行大会，热烈庆祝中华人民共和国成立及新丰全境解放。6日起，中国人民解放军四十一军、四十三军过境新丰，南下解放广州。

10月17日，中共中央华南分局第一书记叶剑英、第三书记方方率分局机关经新丰南下广州，在梅坑驻宿。

　　根据中国老区建设促进会的安排，韶关市委、市政府的要求，以及省、市老促会的部署，在新丰县委、县政府的重视支持下，经过全体编撰人员历时一年多的努力，《新丰县革命老区发展史》现在付梓出版了。

　　《新丰县革命老区发展史》是中国老促会组织编纂的《全国革命老区县发展史丛书》之一，是记述新丰革命老区历史贡献和建设成就的红色文化工程。2017年10月，县委、县政府正式成立《新丰县革命老区发展史》编纂委员会，由时任县委书记任主任，县委副书记、常委、副县长及县老促会会长等任副主任，县有关部门主要负责人为委员。同时下设编委会办公室，负责本书编纂的组织协调工作，并抽调和聘请有文史工作经验的人员成立编辑部，又及时安排前期工作经费、办公场所，为本书编撰工作提供了良好条件。11月，本书编撰工作开始启动，在全体编撰人员努力下，2018年9月写出初稿，随即先后两次把初稿印发县史志办及有关部门征求意见，反复进行补充修改；11月底完成第二稿后，又将书稿样本送县编纂委员会审查，并根据编委会审查意见，再次进行修改补充。

　　《新丰县革命老区发展史》，以唯物史观为指导，比较系统、客观地记述了新丰人民在中国共产党领导下，百折不挠开展武装斗争，奋发图强建设革命老区的历史。全书共设6章、23节，约16万字。其中第一章为老区概况，第二至五章以革命武装斗争为主线，以《中国共产党新丰县地方史》（第一卷）为基础，重点记述了新丰党组织领导全县人民在抗日战争时期，开展抗日救亡运动，成立抗日武装，坚持敌后抗战，建立抗日游击根据地；在解放战争时期，发展壮大人民武装，坚持自卫斗争，巩固扩大解放区，实现新丰全境解放的光辉历史。第六章以经济社会发展为主线，以《中国共产党新丰县历史》（第二卷）《新丰县志》《新丰年鉴》及有关部门档案资料为依据，记述了中华人民共和国成立后，特别是改革开放和党的十八大以来，县委、县政府带领全县人民奋发图强，艰苦创业，推进基础设施建设，大力发展县域经济，完善社会民生建设，加快城乡协调发展的奋斗历程。附录以弘扬老区精神为主线，将新丰重要革命遗址、文物和纪念设施，新丰革命斗争大事记等编入本书，让后人通过这些红色历史遗存，更直观地了解和认识新丰老区的艰苦岁月、革命前辈的奋斗精神，从而铭记老区历史，传承红色基因，坚定理想信念，增强使命担当，为建设中国特色社会主义，实现中华民族伟大复兴的中国梦而不懈奋斗。在编撰过程中，全体工作人员以对历史高度负责的严谨态度，认真查阅文史档案，多方搜集有关资料，精心构思撰写，反复推敲修改，力求史料翔实，表述准确，文字流畅，文风简洁，以增强本书的权威性和可读性。然而，由于本书时间跨度较长，加上编者水平所限，虽经竭力而为，仍难免挂一漏万，存在不足和遗憾。在此，谨向读者表示歉意，并请批评指正。

本书的编纂出版，得到县委、县政府高度重视和大力支持。主管领导多次主持召开编撰工作会议，强调要以强烈的政治责任感和历史使命感做好本书编撰工作，并对本书篇章结构、史料真

实、文字表述等提出指导意见。此外，还经常关心过问编撰工作
进度，协调解决有关问题，为史书编撰提供便利条件。有关部门
积极支持配合，认真审阅征求意见稿，对涉及本部门史料、数据
反复核实，并提出修改补充意见。正是在县委、县政府及有关部
门的重视支持下，本书编纂出版工作得以顺利完成。在此，谨向
关心和支持本书编纂出版的各级领导、有关部门和个人表示衷心
感谢。

《新丰县革命老区发展史》编纂委员会

2019 年 2 月